PARANORMAL

Colección de Escalofriantes Relatos Paranormales Basados en Hechos Reales. 2 libros en 1 -Historias de Terror de la Ouija, Historias de Terror de Demonios

BLAKE AGUILAR

Índice

Historias de Terror de la Ouija en Español

Historias de Terror de Demonios

Historias de Terror de la Ouija en Español

Experiencias Reales de Horror con este Misterioso Tablero

Índice

Introducción

La Ouija, desde su primera aparición, ha sido una fuerte representante de lo místico, lo inexplicable, lo prohibido y lo paranormal. Como medio de contacto directo a otros mundos y dimensiones, es normal que te sientas atraído/a ante los misterios que guarda dentro de ella.

Sin embargo, como en la vida, nunca es posible estar completamente seguros de lo que nos deparará el destino, así que cuidado, que así como hay posibilidades de reencontrarte con seres queridos a los que extrañas y personajes de otras épocas que te contarán cómo era la vida antes de que murieran, también podrías encontrarte con los demonios más malévolos, aquellos que no necesitan descansar pero harán que tú pierdas el sueño.

Las historias que aquí se recopilan son diversas, pero comenzaremos por saber qué son en realidad las Ouijas, cómo fue que surgieron y las historias que se cuentan alrededor de su creación, ¿cómo fue que este peculiar tablero se llegó a vender como un juguete para niños?

Seas entusiasta de lo paranormal o no, tu camino entre estas historias te llevará a experimentar diferentes sensaciones, que irán desde ternura hasta ansiedad, porque la realidad es que las historias y vivencias al usar este tipo de tableros son sumamente variadas, investigando un poco es posible que encuentres de todo.

Este libro está hecho no para convencerte de los peligros de la Ouija o de la veracidad de sus historias (aunque ciertamente deberías prestar atención a las advertencias y los consejos que se dan en algunas de ellas), sino para recopilar las historias más misteriosas, curiosas, terroríficas, tiernas, extrañas e incluso graciosas que, a lo largo de los años, se han contado.

No esperes más y asegúrate de estar listo/a para sumergirte en este mar de lo paranormal, pero eso sí, ¡ve con cuidado, nunca sabes qué podrá estar al otro lado del tablero!

1

Orígenes de la tabla Ouija

La Ouija a lo largo de los años

Para aquellos curiosos sobre la dimensión paranormal de nuestro mundo al igual que sobre los fantasmas, espíritus, apariciones y *poltergeists* que la acompañan, el tablero de Ouija es visto como una herramienta útil, si no es que premonitoria, para comunicarse con el más allá. Para los más escépticos entre nosotros, la Ouija es un juego simple, una opción de entretenimiento popular para las fiestas de pijamas de adolescentes.

No importa en qué posición te encuentres, o incluso si estás indeciso/a, la tabla Ouija de hoy en día tiene profundas raíces en el espiritismo estadounidense.

Si es que la Ouija es un método verdaderamente capaz de comunicarse con el más allá, depende de ti decidir.

En la década de 1840, una nueva ola de espiritismo comenzaba a ganar popularidad en los Estados Unidos y Europa. Basándose en la creencia de que los espíritus tenían un conocimiento importante que deseaban impartir a los vivos, surgieron iglesias espiritistas por todo el país, dirigidas por médiums, personas con una conexión especial con el más allá.

Nadie sabe exactamente cómo comenzó el espiritismo, pero algunos historiadores creen que después de la Guerra Civil, la gente, en general, se interesó más en la idea de comunicarse con los muertos, ya que muchos habían perdido a sus seres queridos durante los combates.

A mediados del siglo XIX, Kate y Margaret Fox, dos hermanas y médiums que vivían en Nueva York, lograron contactar y comunicarse con el espíritu de un vendedor ambulante muerto. Cuenta la historia que lo hicieron escuchando los golpes que el espíritu hacía en una pared, traduciéndolos a letras del alfabeto.

Las hermanas comenzaron a hacer demostraciones públicas de sus comunicaciones con varios espíritus y se convirtieron instantáneamente en celebridades. A partir de estos humildes comienzos, pronto se desarrolló una explosión de herramientas para comunicarse con el más allá.

"Girar la mesa" fue otro método de llamar a los espíritus que pronto se hizo popular. Un médium se sentaba con un grupo de "asistentes", aquellos que deseaban comunicarse con el mundo espiritual, quienes descansaban los dedos en el borde de una mesa y esperaban. Si lograban establecer una conexión con el mundo espiritual, la mesa comenzaría a moverse, inclinándose y golpeando sus patas contra el suelo. El médium interpretaría entonces los golpes como letras del alfabeto.

Al igual que el método de golpear la pared de las hermanas Fox, esta forma de comunicación era bastante fastidiosa. Como una nueva manera de tratar con los clientes impacientes, algunos médiums simplemente entraban en trance para comunicarse con el más allá, sin embargo, muchos sintieron que esto carecía de autenticidad.

Otros médiums adoptaron el uso de una *planchette*, un dispositivo en forma de corazón similar al que se ve hoy en la tabla Ouija. Sin embargo, en lugar de usarse como puntero, este artefacto tenía un lápiz adherido al final para que los espíritus pudieran guiar las manos del médium y deletrear un mensaje. Si bien es mucho más accesible y entretenido que el método de golpear, la gente a menudo se quejaba de que los espíritus tenían una letra terrible con el dispositivo.

La búsqueda de una herramienta de comunicación eficaz continuó hasta que, finalmente, aparecieron los primeros 'foros parlantes'. Se desconoce cuándo se inventó el primer tablero parlante; esto se debe a que la mayoría de los tableros parlantes se fabricaron en casa desde cero; sin embargo, en 1886, el *New York Daily Tribune* informó que la gente de Ohio estaba haciendo foros de conversación, siendo Ohio un estado a la vanguardia del movimiento espiritista.

. . .

Estos tableros o pizarrones cubrieron todos los elementos básicos necesarios para la comunicación: el alfabeto, los números, las palabras "sí", "no", "buenas tardes" y "buenas noches". De repente, los foros de conversación fueron esta herramienta para comunicarse con el más allá, y su popularidad se disparó.

Aprovechando esta nueva demanda encontrada, en 1891, *Kennard Novelty Company* patentó una versión de un tablero parlante, con la intención de venderlo comercialmente. Lo llamaron el tablero Ouija. Mucha gente cree erróneamente que la palabra 'Ouija' proviene de las palabras francesa y alemana para 'sí' - *'oui'* y *'ja'*, sin embargo, la realidad es que la empresa adoptó la palabra 'Ouija' del antiguo egipcio, que significa 'buena suerte'. Y así nació la tabla Ouija, con un precio de venta de 1,50 dólares la pieza.

Poco después, en 1893, William Fuld se hizo cargo de la tabla Ouija, con la esperanza de venderla al mercado de masas. Ya no era solo la herramienta de los médiums espirituales, la popularidad de la tabla creció a lo largo de los años, pero Fuld siempre fue críptico sobre el funcionamiento de la Ouija: nunca reveló públicamente si y, lo que es más importante, cómo funcionaba realmente.

. . .

La Ouija se convirtió en un juego popular para jugar en citas, principalmente porque les daba a las parejas una excusa para sentarse juntas en la oscuridad con las manos tocándose. A pesar de la aparente inocencia del juego, algunas personas, especialmente los médiums, se preocuparon por los poderes secretos del tablero.

Con el lanzamiento de la película *El exorcista* en 1973, la popularidad de la tabla Ouija se disparó: en la famosa primera escena, una joven es poseída por el diablo después de jugar sola con un tablero de Ouija. A raíz del éxito de la película, muchos grupos religiosos denunciaron a la tabla como malvada, alegando que era la forma de comunicación preferida de Satanás.

A lo largo de los años, la patente de la tabla de Ouija se ha ido difundiendo, primero comprada por los hermanos Parker y luego por *Hasbro*. A medida que cambiaban los sentimientos de la gente hacia el tablero, también lo hacía la estrategia de marketing de la empresa. El lema de la tabla de Ouija fue una vez "es solo un juego, ¿no?"; ahora dice: "No juegues Ouija si crees que es solo un juego".

. . .

Hoy en día, la gente está dividida entre aquellos que creen en el poder de la tabla Ouija como un método de comunicación con los muertos, y aquellos que piensan en él solo como un pasatiempo entretenido. Sin embargo, una y otra vez, los escépticos y los detractores han cambiado su pensamiento una vez que han experimentado el tablero de Ouija; a pesar de creer que los espíritus no pueden comunicarse (o no existen), cambiaron de opinión una vez que lograron escuchar a los espíritus hablar, como siempre lo hacen.

La *planchette* se mueve con tanta frecuencia que los investigadores han estudiado las mentes subconscientes de las personas que utilizan tablas Ouija. La teoría dice que las mentes subconscientes de los jugadores guían los movimientos musculares, lo que da la impresión de que el puntero se mueve por su propia voluntad. Pero incluso los investigadores no creen que el subconsciente explique todos los poderes aparentes de la placa.

Ya sea que la planchette se mueva debido al subconsciente del jugador o desde la conciencia de un espíritu con un mensaje urgente, hay algunas historias de conexiones espirituales a través de Ouija que no pueden explicarse como nada más que experiencias paranormales. El resto de este libro llevará a los lectores a profundizar en algunas de estas experiencias. Siga leyendo y una cosa es segura: nunca más volverá a pensar en Ouija como un juego de niños.

Un poco de historia antes de comenzar

Charles Kennard siempre estuvo atento a la oportunidad de ganar dinero, pero no era el más grande ni el más afortunado hombre de negocios. Parece que tampoco era el tipo más honesto.

Kennard, segundo hijo de un exitoso comerciante de Delaware, se mudó a la costa este de Maryland a fines de la década de 1880 después de desarrollar recetas "secretas" de mezclas de huesos para fertilizantes (para ser justos, todos en el negocio de los fertilizantes reclamaron tener una receta "secreta").

Tras el éxito inicial, su planta de Chestertown fue subastada debido a una combinación de sequías, competencia y deuda, pero no todo estaba perdido. Un inmigrante prusiano llamado E.C. Reiche poseía una oficina junto a la de Kennard, en el primer piso de un hotel de cuatro pisos con estructura de madera, dentro del pequeño distrito comercial de Chestertown. Reiche era un fabricante de muebles que se convirtió en fabricante de ataúdes y posteriormente en un empresario de ceremonias fúnebres (lo que no era una progresión profesional tan atípica en esos días), para quien Kennard tenía un nuevo plan.

Contando con el antecedente de las previamente mencionadas hermanas Fox, fue en el año de 1886, durante el periodo en que Kennard y Reiche compartían un pasillo, que comenzaron a aparecer informes de periódicos sobre un fenómeno de "tablero parlante" que se extendía por Ohio, incluida una historia de *Associated Press* (AP) que se publicó en el *Kent County News* local. También es por esta época, según una historia posterior de *Baltimore American*, que Kennard y Reiche, probablemente inspirados por la cuenta de AP, comenzaron a colaborar y a hacer al menos una docena de sus propios tableros "parlantes".

A la par de fabricar ataúdes, Reiche comenzó a fabricar tableros cuyos prototipos se convirtieron en el tablero de Ouija; sin embargo, Kennard al dejar Chestertown e ir a Baltimore en 1890 (donde continuó en el negocio de los fertilizantes y comenzó otro de bienes raíces) comenzó a presentar lo que él decía que era su invento de tablero parlante a posibles inversores.

. . .

Después de numerosos rechazos, Elijah Bond, un abogado local que afirmó que su cuñada era una médium fuerte, finalmente se interesó en el tablero. Muy pronto, *Kennard Novelty Company*, que se incorporó un día antes de Halloween de hace 125 años, comenzó a fabricar tableros Ouija tal como los conocemos hoy.

Bond también tenía razón sobre su cuñada: Helen Peters demostró ser lo suficientemente convincente como para ganarse a una oficina de patentes de Estados Unidos escéptica y proteger el tablero de Kennard.

Ella no solo recibió el crédito por obtener un sello de legitimidad del gobierno federal, certificando que el tablero cumplía con lo prometido, sino también por "recibir" el nombre O-U-I-J-A del propio tablero, que le dijo que la extraña palabra significaba "buena suerte" (en realidad, el nombre "Ouija" estaba escrito en el medallón del collar que Peters llevaba en ese momento).

Entonces, sí, un empresario de ceremonias fúnebres y un oportunista llamado Kennard inventaron el único juego de mesa patentado, considerado un oráculo místico para comunicarse con los espíritus y una diversión sana, que llegó a vender más que Monopoly en un año determinado.

La historia del tablero Ouija, sin embargo, es más que una historia de vendedores de aceite de serpiente que engañan a las masas victorianas o, posteriormente, un juego de diversión inofensiva en un millón de pijamadas de secundaria. Si bien sigue siendo un fenómeno de la cultura pop increíblemente perdurable, vinculada al auge de una película de terror y el complejo industrial paranormal, su saga también trata sobre el deseo universal de encontrar respuestas a las preguntas más importantes de la vida, la historia de la psicología e incluso el desarrollo de neurociencia.

Tal vez no sea sorprendente que haya un lado oscuro (o dos) enterrados en la historia del origen de la Ouija. Siempre hay dinero en juego y, a principios de la década de 1890, ya existían unas 2.000 tablas de Ouija que se vendían a la semana.

William Fuld, quien trabajó e invirtió en *Kennard Novelty Company*, finalmente obtuvo el control del negocio de la Ouija después de que el fundador se retirara demasiado pronto; ganó millones fabricando el tablero en Baltimore y en otros lugares, pero solo después de que su hermano fuera despedido de la empresa: las demandas que siguieron no fueron meras disputas, el hermano de William, Isaac, se molestó tanto que hizo que exhumaran a su hija pequeña y la retiraran de la tumba de la familia Fuld durante la renovación del cementerio. Los dos lados de la familia no hablaron durante 96 años.

Y, trágicamente, William Fuld sufriría un accidente fatal en su fábrica de *Hartford Avenue*, uno que afirmó en una historia del *Baltimore Sun* de 1919 que la Ouija le había dicho que construyera ("prepárate para un gran negocio"). Al supervisar la instalación de una bandera, una barandilla de hierro cedió y William cayó del techo de la estructura, que aún se mantiene en pie y se ha convertido en un complejo de apartamentos para personas mayores.

El informe del forense dice que una costilla rota le atravesó el corazón; en su lecho de muerte, hizo que sus hijos prometieran nunca vender la Ouija, para que nunca saliera de la familia. Por supuesto, la familia de Fuld eventualmente vendió (después de 4 décadas) a *Parker Brothers*, que rápidamente trasladaron la idea de la Ouija a su base de operaciones en Salem, MA. En

1967, el primer año que tuvo su sede en la ciudad reconocida por sus juicios de brujas, el negocio vendió dos millones de tablas.

En comparación, Monopoly, una de las primeras versiones que se inventó en 1903, no fue popular hasta la Gran Depresión, cuando cumplió una función de escapismo de fantasía. La Ouija, por otro lado, fue una sensación desde el principio, mucho antes incluso de sus primeras apariciones en películas, que se remontan a los inicios de Hollywood.

Pero la imagen pública de Ouija siempre ha sido complicada. Inicialmente, el "oráculo misterioso" se comercializó como un juego para animar una fiesta o alentar un poco de intimidad alegre para parejas románticas (o aspirantes a románticas). Menos conocido es el uso de la tabla Ouija como inspiración o como herramienta de escritura "automática" por novelistas y poetas aclamados.

Con el tiempo, la relativa inocencia del tablero Ouija, o al menos su relación no partidista entre el bien y el mal, dio paso a una reputación más siniestra a medida que

Hollywood comenzó a utilizarlo para propósitos más oscuros. Después de *El exorcista*, el estado de ocultismo del tablero fue cimentado. Desde entonces, ha aparecido en más de 20 películas e hizo innumerables apariciones en el número cada vez mayor de programas de televisión de temática paranormal y los foros sobre los fenómenos asociados con la Ouija que pueblan Internet, por supuesto.

2

Nunca uses una tabla de Ouija solo/a

MUCHOS PIENSAN que la película de 1973 (*El exorcista*) fue la película más aterradora de todos los tiempos. Si la has visto, recordará el principio, cuando una niña comete un terrible error: jugar sola con una tabla Ouija. Ella termina poseída por el diablo y aterroriza a todos los que la rodean. La película ha permanecido en la memoria de la mayoría de nosotros, tanto es así que 'nunca uses una tabla Ouija solo/a' se ha convertido en la regla número uno para contactar a los espíritus. Si no la sigues, pueden suceder cosas horribles.

No fue el gato

. . .

La tabla Ouija de Kayla era casera, ya que ella mantuvo su curiosidad en total secreto para sus padres. Su madre les había hecho jurar nunca acercarse a una Ouija, ya que tuvo una mala experiencia con un tablero cuando era niña, pero nunca entró en detalles sobre lo que realmente sucedió. Como sus padres no podían saberlo, Kayla decidió jugar sola.

Ella conocía la primera regla de la Ouija, pero pensó que no era gran cosa. Trató de llamar a los espíritus de su habitación una noche y nadie respondió a sus preguntas.

Aun así, insistió, porque estaba segura de que había un espíritu en la habitación. Tan pronto como puso las manos sobre el tablero, el aire se espesó y la habitación se enfrió. A pesar de los escalofríos que recorrían la columna vertebral de Kayla, el puntero nunca se movió.

Más tarde esa noche, después de renunciar a intentar utilizar la Ouija, Kayla estaba acostada en la cama cuando escuchó un fuerte golpe en el techo. Segundos después, su padre abrió la puerta de su habitación: *"¿es-*

cuchaste algo?" preguntó; *"creo que sí..."*, respondió ella, *"¿quizás el gato?"*. Plunk, plunk, plunk. El sonido regresó, y definitivamente no era el gato.

Sonaba como pasos pesados, como un hombre enojado pisando fuerte por el techo.

Asustada, Kayla corrió escaleras abajo, con su padre poco después detrás de ella. *"¡Mamá!"* dijo, entrando a la sala de estar, *"¡hay alguien en el techo!"*. El padre de Kayla corrió a la trastienda y salió con una escopeta, procedió a salir de la casa; la niña y la mamá lo escucharon trepar al techo, sintiéndose extremadamente tensas por el miedo. Unos minutos más tarde, el padre de Kayla volvió a entrar: *"quienquiera que fuera, se escapó..."* dijo, sacudiendo la cabeza - *"vi una sombra saltar desde el techo y desaparecer en el bosque"*.

Kayla aún tenía miedo, pero no se atrevía a decirles a sus padres que había usado una tabla de Ouija sola en su casa. Así que, en cambio, subió las escaleras y cerró la puerta de su dormitorio, cruzó la habitación y cerró la ventana, sintiéndose sacudida. Luego sacó la tabla Ouija de debajo de su cama, la dobló por la mitad con el puntero adentro y le puso un clip para que no se pudiera abrir. Una solución endeble, pero, ¿qué más podía hacer?

Volvió a meterse en la cama y apagó la luz.

Se quedó despierta, incapaz de dormir, pensando en el hombre del techo y preguntándose de dónde había venido… entonces, un nuevo sonido cruzó su habitación.

Un gruñido. Kayla se incorporó en la cama, una vez más, pensó que el gato podría haber sido el responsable del sonido, así que se levantó y miró alrededor de la habitación, pero para su consternación, el gato de la familia no estaba por ningún lado. Cansada, volvió a meterse en la cama, apagó las luces y cerró los ojos.

En el momento en que cerró los ojos, el gruñido volvió a sonar, esta vez más fuerte, más poderoso y más cercano. Asustada, Kayla encendió las luces y las dejó encendidas. Después de un largo tiempo sentada en silencio, comenzó a quedarse dormida lentamente.

Desde ese día, su casa ha estado plagada de extraños y amenazantes sonidos, que todos escuchan.

Kayla empezó a creer que un demonio vivía en su casa. Peor aún, sabía exactamente cómo llegó allí, a través del tablero Ouija. Incluso con toda la confusión y el miedo que causaron los sonidos, Kayla nunca pudo decirles a sus padres lo que había invitado a su casa.

Lo hicimos enojar

Lily y su familia llegaron al pueblo de Tina cuando ella cursaba la escuela secundaria. Lily era una chica rubia que parecía sumamente dulce y educada; Tina y sus amigos la quisieron inmediatamente, y la dejaron unirse a su pequeño escuadrón de camaradas de inmediato, para ayudarla a integrarse en la escuela y sentirse a gusto con todos los cambios por los que estaba pasando.

La chica nueva era misteriosa pero dulce y divertida, así que se llevaban muy bien. Sin embargo, pasó el tiempo y Tina comenzó a notar que algo andaba mal con Lily, ya que a menudo pasaba tiempo sola y solía tener una mirada oscura que a veces asustaba. De igual manera, nadie sabía nada de su pasado, nadie sabía exactamente de dónde había venido y nunca vieron a ninguno de los miembros de la familia que afirmaba tener.

A medida que el grupo de amigos se hizo más cercano con Lily, ella comenzó a contarles a Tina y al resto del grupo algunas historias de miedo, hablaba sobre ella comunicándose con figuras de sombras, sobre sueños que tenía en donde conocía al diablo, sobre su familia siendo perseguida por un fantasma y algunas otras cosas raras que parecía demasiado inusuales para niños de su edad.

Un día, Lily invitó a todo el grupo a su casa. Cuando los chicos llegaron, se sorprendieron de ver que la casa estaba prácticamente vacía, a pesar de que ella y su familia habían estado viviendo allí durante ya bastante tiempo. Mientras todos estaban ahí, Tina tuvo la extraña sensación de que no estaban solos en la casa.

. . .

Tina trató fuertemente de no recordar las historias que Lily les contó acerca de su casa que estaba embrujada, y trató también de ser fuerte porque no quería parecer una cobarde frente a sus amigos. Todos estaban jugando y comiendo palomitas de maíz cuando Lily decidió crear una tabla de Ouija rudimentaria, ya que quería hablar con su abuela que había fallecido.

Tina no estaba convencida, por lo que decidió solo mirar y se mantuvo alejada del tablero. Mientras los demás preparaban todo para la sesión, Lily comenzó a mirar por encima de una esquina de su habitación, y con una mirada malvada y una sonrisa dijo: *"él está aquí"*.

Tina se asustó mucho, al igual que sus amigos, y todos salieron corriendo de la casa, llamando a los padres de cada uno para que les recogieran.

Al día siguiente, Lily llegó a la escuela y con mucho resentimiento les dijo que "lo habían hecho enojar" y que después de que todos se fueron, ella jugaba sola con la tabla Ouija cuando de repente todas las ventanas de su casa explotaron fuertemente. Todos se burlaron de la chica porque su historia les parecía una gran mentira.

Lilly seguía insistiendo en que estaba diciendo la verdad y que las cosas le iban de mal en peor porque los demás no querían jugar a la Ouija con ella. Más tarde ese mismo día, su mamá fue a buscarla a la escuela temprano, ¿y adivinen qué? Después de eso nunca más la volvieron a ver. Ella y su familia desaparecieron por completo, incluso los directivos de la escuela estaban bastante sorprendidos.

Entonces, Tina y sus padres decidieron ir a revisar su casa para ver si todavía estaban allí, pero lo único que encontraron fue que todos los vidrios de las ventanas, efectivamente, estaban rotos, como si hubieran explotado.

¿Qué creía Tina que pasó? Pensó que Lily estaba tan acostumbrada a jugar sola con el tablero Ouija, que ya estaba conectada con una entidad, la que vio esa vez que todos estaban con ella en casa. Probablemente su familia ya lo sabía y tal vez no era la primera vez que les pasaba algo parecido, por lo que se vieron obligados a salir de otra casa nuevamente.

Algunos años después, algunos viejos amigos de Tina, que también eran amigos de Lily, decidieron buscarla en línea a través de diferentes redes sociales, pero no encontraron nada. Era como si la chica nunca hubiera existido. Nadie sabe qué le pasó, ni si continuó contactando entidades a través del tablero Ouija, y cómo esto cambió su vida porque definitivamente cambió la mía.

3

Invitados inesperados

La mayoría de las personas que intentan usar una tabla Ouija para ponerse en contacto con el mundo espiritual lo hacen en casa, pocos se dan cuenta de que al hacerlo pueden invitar a huéspedes no deseados a su hogar. Algunos espíritus son observadores gentiles e inofensivos que no hacen más que ponerte la piel de gallina cuando te das cuenta de que están allí. Desafortunadamente, otros intentan aprovechar tu hospitalidad. Aquí hay algunos invitados inesperados que las personas llamaron a sus hogares con la ayuda de una tabla de Ouija.

Nunca más

. . .

La noche de Halloween de 1968, después de pedir dulces, Crystal pensó que sería divertido llevar una tabla Ouija a la casa de su amiga Nancy para que la probaran. El tablero le dio escalofríos a Nancy ya que su madre era psíquica y sabía mucho sobre el ocultismo. Ella pensó que la tabla Ouija era peligrosa y les dijo a las chicas que tuvieran cuidado.

Nancy nunca había jugado antes, así que Crystal le enseñó cómo funcionaba. Comenzó haciendo preguntas tontas a la pizarra, y las chicas comenzaron a recibir respuestas tontas apropiadas: *"¿qué era yo en otra vida?"* preguntó Crystal - *"¡eras una aguja en el ojo de Dios!"* respondió la junta. Crystal juró que no estaba moviendo el puntero, pero la pizarra deletreó sus respuestas con tanta facilidad que Nancy estaba convencida de que debía estarlo haciendo.

Cuando fue el turno de Nancy de hablar con el espíritu, decidió preguntar lo mismo. - *"¿Qué era yo en otra vida?"* - *"Eras un clavo en la mano de Dios"* - Nancy comenzaba a aburrirse con estas preguntas y decidió probar algo diferente: *"¿qué chicos me gustan?"* La junta respondió *"vete al infierno"*.

. . .

Crystal pensó que esto era divertido y preguntó: *"Está bien, ¿con quién me casaré?"*, la pizarra decía *"te casarás con el diablo"*. Nancy preguntó: *"¿hay un espíritu en nuestra casa ahora?"* y entonces, las chicas se sorprendieron al ver que el puntero volaba rápidamente a través del tablero, *"A-Q-U-Í-E-S-T-A-M-O-S"*. Les tomó un momento comprender lo que decía.

"¿Cuáles son los nombres de los espíritus de la casa?" preguntaron las chicas. La pizarra deletreaba nombres, pero las chicas no los entendían. *"¿De dónde vienes?"* – intentó Nancy, acto seguido el puntero deletreaba: *"Infierno. A donde vas tú"*. Las niñas soltaron un grito, lo que hizo que la madre de Nancy entrara corriendo a la habitación.

Su madre tenía un mal presentimiento y les pidió que dejaran de usar la pizarra. Rápidamente, Crystal hizo otra pregunta y el puntero comenzó a girar sobre el tablero; la mamá de Nancy tomó un bolígrafo y papel y comenzó a escribir cada letra a medida que se leía: *"Estamos aquí y no nos iremos"*. Luego, la pizarra comenzó a deletrear una serie de malas palabras, seguidas de un mensaje que hizo que las manos de las niñas volaran con el puntero.

. . .

"*¡Quítenle las manos de encima ahora!*" gritó la mamá de Nancy. Todas estaban asustadas y la habitación se llenó de un aire frío. La madre de Nancy tenía una mirada aterrorizada en el rostro mientras digería la noticia de que los espíritus no se iban a ir. De la nada, un fuerte sonido comenzó a golpear las escaleras que conducían al sótano.

Bonnie, la hermana pequeña de Nancy, llegó volando al lugar donde estaban las demás; una mirada a su rostro mostraba fácilmente que estaba asustada. Al borde de las lágrimas, corrió hacia su madre, sin aliento. "*¡Algo me tocó allá abajo! Algo me dio una palmada en la espalda. ¡No hay nadie ahí abajo, mamá, y algo me dio una palmada en la espalda!*" Su madre jadeó cuando levantó la parte de atrás de la camisa de Bonnie y encontró marcas rojas en ella. "*Y escuché una voz decir algo*", dijo Bonnie, ahora llorando libremente. "*¿Qué dijo, Bonnie?*", preguntó su mamá con falsa calma - "*Decía: '¡Odias a tu madre!'*"

"*¡Es suficiente!*", dijo su madre, "*no va a pasar nada, ¡pero esto es suficiente! Crystal, pon esa cosa en la mesa de café y no* *te olvides de llevártela a casa más tarde. Ustedes tres tomen unos minutos para refrescarse y simplemente jugar. Todo va a estar bien, solo vayan a jugar".* Crystal puso la tabla Ouija sobre la mesa y las tres chicas empezaron a caminar fuera de la cocina.

Justo cuando Nancy estaba en la puerta, vio algo por el rabillo del ojo: voló a través de la sala de estar, hacia la cocina, pasó volando junto a su madre y luego se estrelló contra la pared. *"¡¿Qué diablos fue eso?!"* - gritó su mamá. Miró debajo de la mesa junto al tablero de Ouija y encontró algo sorprendente: su cámara, que ahora estaba rota.

Todas estaban desconcertadas por cómo pudo haber sucedido esto. La cámara (que estaba guardada) tenía película, así que su mamá decidió que la llevaría a la farmacia para que la revelaran al día siguiente. Ya se habían divertido lo suficiente por la noche, así que Crystal tomó su tabla Ouija y fue a casa.

Una semana después, la película estaba lista, así que la mamá de Nancy fue a la farmacia y la recogió. Todas las fotos eran de una figura oscura y nebulosa que parecía estar sentada en un caballo humeante. Se veía muy extraño. Después de mostrar las fotos a las niñas, la mamá de Nancy dijo *"nunca más tendremos una tabla Ouija en este casa."*

Cuatro en la habitación

Dos amigas encontraron una tabla Ouija en una librería en el centro de Orlando y decidieron comprarla y probarla. Las dos niñas, Marta y Jenny, se llevaron la tabla a la casa de Marta y lograron contactar con un espíritu, al que le hicieron muchas preguntas sobre su pasado, pero luego decidieron cambiar de tema y le preguntaron cuántas personas había en la sala.

El espíritu respondió que eran cuatro. Esto fue extraño, porque solo las dos chicas y el espíritu parecían estar presentes, entonces, ¿quién era la cuarta persona desconocida? Ambas chicas pensaron que era solo la otra tratando de hacer una broma. Quitaron las manos del puntero y, justo cuando lo hicieron, comenzó a moverse por sí solo, deletreando la palabra C-E-R-R-A-R.

. . .

Decidieron que eso significaba que debían cerrar el tablero, y así lo hicieron, pero primero, decidieron decir cinco oraciones, pidiendo a Dios que bendijera la casa. Unos días después, Marta decidió contarle a su mamá lo que había pasado con la tabla Ouija y para su sorpresa, su mamá (realmente molesta) le pidió a Marta que nunca más usara la pizarra. Aparentemente, su familia tenía una mala historia con las tablas espirituales. La madre de Marta le contó la historia.

La abuela de Marta había usado un tablero espiritual cuando tenía 20 años. Realmente disfrutaba usándolo y constantemente consultaba a los espíritus en busca de consejos, haciendo preguntas y tratando de obtener información sobre el mundo del más allá. Le gustó tanto que se perdió en el tablero espiritual. Empezó a ver cosas que no podía explicar: los objetos se movían por toda la casa y sentía una especie de presencia siempre dentro de ella.

La familia decidió llamar a un sacerdote para que la exorcizara de cualquier espíritu que pudiera tener. Funcionó, y la abuela de Marta nunca volvió a jugar con el tablero espiritual. La madre de Marta había escuchado esta historia de su propia madre, pero nunca la creyó realmente hasta que ella misma comenzó a jugar con una tabla Ouija: también tenía veintitantos años cuando un amigo suya decidió que deberían jugar juntos con una tabla y se divirtieron mucho, a veces haciendo bromas y moviendo la *planchette* alrededor de ellos.

Una vez, sin embargo, se pusieron en contacto con un espíritu que parecía muy interesado en su madre. Empezó a hacerle todo tipo de preguntas sobre su madre, la abuela de Marta: ¿dónde estaba ella?, ¿por qué ya no jugaba?

La madre de Marta se asustó un poco al recordar la historia que le había contado su madre. Entonces ella y su amigo cerraron la pizarra con algunas oraciones.

Sin embargo, su amigo estaba celoso de que la madre de Marta hubiera logrado contactar con un espíritu tan activo, y siguió jugando con la tabla. Entonces empezaron a suceder cosas extrañas: los objetos empezaron a moverse por la casa y el espíritu parecía enojado y agitado. Llamó a la madre de Marta para que le ayudara, y llamaron a un sacerdote para que tomara la tabla y la desechara. Ninguno de los dos volvieron a jugar nunca.

Marta, como su madre antes que ella, no creyó las historias. Ella y su amiga Jenny siguieron jugando y siempre fueron contactadas por el mismo espíritu, el bueno que les había dicho antes que cerraran el tablero. Cada vez que contactaban al espíritu, le preguntaban cuántas personas había en la habitación y él siempre decía tres, así que le pidieron que les advirtiera si alguna vez entraba otro espíritu, y él dijo que lo haría.

Una vez, mientras se comunicaban, el puntero comenzó a girar, diciéndoles que cerraran el tablero, deletreando las palabras M-A-L, M-A-L-O, 4-E-N-L-A-H-A-B-I-T-A-C-I-Ó-N. Su curiosidad se apoderó de ellas, y las chicas decidieron intentar contactar a la cuarta persona: *"¿quién es usted?"* preguntaron. "Y-O-S-O-Y", fue la respuesta. *"¿Eres bueno o malo?"* - El espíritu no respondió.

Decidieron volver a ponerse en contacto con el buen espíritu, pero el nuevo visitante no lo dejó hablar. A cada pregunta que hacían, seguían leyendo "N-O". Justo cuando las niñas comenzaban a enojarse por la fuerza del espíritu, él comenzó a hacer preguntas sobre Marta, diciendo que sentía que la conocía de alguna parte. Marta se apartó de la tabla de un salto, sorprendida; ella sabía quién era este espíritu.

Corrió llorando a la oficina de su madre, disculpándose por no creerle nunca. Su madre sabía exactamente lo que había sucedido, tomó la tabla de Ouija de las niñas y la puso en la sala de estar. Jenny no tenía idea de lo que estaba pasando. La mamá de Marta fue a buscar la Biblia y fue entonces cuando el puntero comenzó a moverse por sí solo, deletreaba: *"ahora sé quién eres"*.

La mamá de Marta regresó. *"¡Detente, te ordeno que pares!"*, gritó, y después se sentó frente a la mesa, mientras las chicas se sentaron aterrorizadas en el fondo.

La madre no quería que el espíritu se adhiriera a ninguna de las chicas, y comenzó a recitar oraciones, tratando de apartar al espíritu. *"Hazme lo que quieras, pero no a mi hija. No a mi hija. No la vas a tocar."*

. . .

Ella pidió a Dios que limpiara la casa y fue entonces cuando las cosas se volvieron locas, los objetos comenzaron a volar y pudieron escuchar un sonido extraño, como si alguien estuviera respirando con dificultad en la habitación. Entonces, Marta sintió que alguien le abofeteaba. La mamá de Marta se puso furiosa, colocó la Biblia directamente sobre la pizarra y continuó orando a Dios, Marta se unió a ella y también Jenny.

Todo comenzó a calmarse a medida que sus oraciones las fortalecían. Después de un minuto, todo el caos terminó, la energía en la habitación se sintió positiva. Una vez más, el puntero se movió por sí solo, deletreaba C-E-R-R-A-R. Inmediatamente las chicas supieron quién era: el buen espíritu. La madre de Marta cerró con cuidado el tablero, se los quitó y las niñas no volvieron a verlo.

Lauren

Durante el otoño de inicios de los años 90, Sean tenía 12 años cuando esta historia sucedió. Era una noche normal y húmeda en la pequeña ciudad de Meraux, LA. La calle en la que Sean vivía estaba muy bien iluminada, tenía varias farolas a lo largo de todo el camino, lo que le facilitaba a todos los niños del área el jugar al escondite, ya que la calle era lo suficientemente oscura en las áreas sin iluminación como para esconderse, pero había mucha luz para poder ver a alguien dirigiéndose directamente a la "base".

Los niños ya habían visto un tablero de Ouija muchas veces antes. A la hermana de uno de los amigos de Sean (Joey), que era aproximadamente 8 años mayor que los niños, le gustaba jugar en el tablero y contactar a espíritus. Un día, la chica apareció con un nuevo tablero.

Este nuevo artefacto en particular, no era el tablero de cualquier marca que se podía comprar en cualquier supermercado o tienda de autoservicio de la zona. Esta nueva Ouija, que la hermana obtuvo de su tía, a quien le gustaba el voodoo por "diversión", era un tablero comprado en una tienda desconocida en el área del mercado francés del centro de New Rawlins, que era bien conocida por sus conexiones con las artes oscuras.

. . .

Los niños se sentían sumamente interesados en el nuevo tablero, pero también se sentían bastante escépticos de que en realidad se pudiera "hablar con los muertos" con él. Todos se decían a sí mismos y a los demás que era la chica quien realmente la que movía el puntero a las letras.

En realidad, Sean nunca había tocado la tabla o el puntero antes, ni tenía ningún interés real en hacerlo porque, aunque no pensaba que fuera real, ¿quién quiere ser el que se equivoca en ese tipo de cosas? Después de todo, había muchas películas de terror que involucraban brujería y artes oscuras que le generaron suficiente cautela antes de hacer contacto con cualquier cosa relacionada con misterios y espíritus. Sin embargo, eso no le impidió al menos mirar cuando se estrenara el nuevo tablero. Además, si las cosas se volvían demasiado espeluznantes, siempre podía alejarse.

Sin embargo, ahí estaba la tabla, en todo su macabro esplendor, apoyada sobre una caja de cartón que Joey sacó para que todos pudieran reunirse a ver si su hermana realmente estaba fingiendo o no. Ciertamente, algo parecía fuera de lugar cuando se instaló la tabla con la *planchette*, pero ninguno de los niños presentes tenía más de 14 años, así que ¿qué era lo peor que podía pasar?

Entonces, la prima de Joey juró que vio al puntero moverse después de que él lo colocó sobre la tabla, a pesar de que nadie la tocaba. "*Alguien golpeó la caja y la sacudió... - ¡Deja de inventar cosas!*"...Poco sabían de lo que iba a pasar esa noche.

Todos se sentaron ahí mirando la tabla y el puntero. El único que la había tocado hasta ahora había sido Joey, y eso fue solo para colocarla en la caja debajo de una de las farolas. Nadie realmente quería tocar, pero tampoco podían acobardarse con eso, así que decidieron usar un juego de conteo para determinar quiénes serían los primeros 2 en tocar la *planchette.*

Sean se aseguró de dirigir el juego de conteo porque ciertamente no quería tocar la tabla, y aprovechó que era bastante bueno asegurándose de que siempre lo contaran.

. . .

Finalmente, solo quedaron 2 de los 8 niños que estaban alrededor de la Ouija: Joey, que en realidad se ofreció como voluntario, y Jaime, que de repente se sintió muy temeroso ante la idea de seguir adelante con el experimento.

A pesar del temor de Jaime, continuaron, colocando ambas manos sobre el puntero exactamente como habían visto hacer a la hermana de Joey varias veces antes.

Durante lo que parecieron varios minutos, pero en realidad probablemente solo fueron 30 segundos, no pasó nada. Sean entonces aseguró que sabía que el tablero era falso y se volteó hacia Joey para decir *"tu hermana lo mueve ella misma"*.

En ese momento, la *planchette* comenzó a moverse en un infame bucle infinito alrededor del tablero. Todos retrocedieron unos pocos centímetros, soltando expresiones de curiosidad y asombro; por supuesto, comenzaron a bromear con Joey por moverlo, pero el niño juró que no era él.

. . .

La siguiente cosa obvia fue que Jaime lo estaba moviendo, pero él definitivamente se estaba asustando bastante por lo sucedido. Su rostro se había puesto ligeramente pálido y Sean realmente pensó que podría haber algo mal con el pequeño.

Después de otro minuto, otro de los niños en el grupo sugirió el hacer algunas preguntas al "espíritu". Entonces, la ronda normal de preguntas de "Sí o No" comenzó, con el "espíritu" respondiéndolas rápidamente a través del puntero, deteniéndose en la respuesta requerida y luego comenzando de nuevo a trazar un bucle infinito.

Todo esto continuó durante unos 5 minutos, los niños se dedicaron solo a hacer preguntas simples, de las cuales aprendieron que este espíritu tenía 16 años y se había ahogado en el río Mississippi, que estaba a solo 12 cuadras de donde Sean y sus amigos vivían. De repente, Sean decidió preguntar cuál era el nombre del espíritu. La *planchette* deletreó el nombre "L-A-U-R-E-N".

. . .

En este punto, ahora sabían que el "espíritu" era una niña y, como dice el refrán "hay uno en cada multitud", otro niño dentro del grupo (Ryan) se atrevió a preguntar si ella era bonita. Todo el grupo comenzó a reír mucho, pero sus sonrisas se desvanecieron rápidamente cuando la *planchette* se detuvo en "NO" y luego procedió a deletrear "F-R-Í-O" antes de comenzar su bucle infinito de nuevo.

En ese momento, un leve escalofrío pareció atravesar el lugar donde todos estaban reunidos, debajo de la farola. Esa sensación de frío no era como la frialdad que cualquiera ha experimentado alguna vez en su vida, ni como un viento de invierno que soplaba, ni como la sensación de frío de abrir un congelador... Este escalofrío se sentía en realidad como si el aire de repente hubiese muerto también.

Todos allí se quedaron esperando un momento, que de hecho les pareció una eternidad, antes de que otra chica le preguntara al "espíritu" si estaba ahí con todos ellos. Cuando el puntero se detuvo en el "SÍ", Jaime soltó sus manos y dejó a Joey sosteniéndolo, pero el puntero no dejaba de moverse, seguía volviendo a su ahora fascinante bucle, esperando la siguiente pregunta... o algo más.

Jaime no pudo soportarlo más y decidió que quería irse a casa. Varios de los chicos vivían sobre esa calle, así que les habría resultado fácil caminar, pero 3 de los niños vivían en otra calle y tendrían que regresar en bicicleta durante un largo, largo trecho si querían volver a sus casas.

Jaime empezó a caminar hacia su casa, pero otra chica lo detuvo. *"Vamos a ver hasta que esté terminado"*, dijo, pero Jaime ya no quería ser parte de lo que estaba pasando. Sin embargo, Ryan, que tenía 14 años, lo convenció de quedarse y así sucedió.

Volviendo al tablero, todos se reagruparon mientras Joey continuaba sentado allí con el puntero girando y girando de una manera vertiginosa. Al parecer, cuando Jaime intentó irse, agitó al espíritu y la *planchette* comenzó a girar más rápido. Las cosas se estaban poniendo increíblemente tensas y Sean sentía que algo malo iba a pasar eventualmente.

. . .

Ryan todavía estaba completamente escéptico de todo y decidió tentar más a "Lauren", pensó que sería divertido hacer preguntas sexuales que hicieron que la *planchette* comenzara a girar un poco más rápido cada vez.

Joey le dijo a Ryan que dejara de ser estúpido, porque sentía que el puntero incluso podría llegar a perforar la tabla si seguía yendo más rápido, pero Ryan respondió diciendo que sabía que Joey era el que movía el "puntero estúpido" en primer lugar y que no le importaba un "espíritu idiota". Luego le gritó a la pizarra y dijo: *"¡Si realmente estás aquí, muéstrate!"*

Después de que Ryan le gritó al tablero, "Lauren" decidió mostrarles a todos que "ella" realmente estaba ahí con ellos. Ese mismo frío que había penetrado profundamente en sus seres antes, regresó, pero eso no fue lo único: mientras los chicos estaban sentados bajo la farola, contemplando el frío penetrante, todas las demás luces de la calle se apagaron al mismo tiempo.

Todos se miraron el uno al otro durante una fracción de segundo antes de que la completa comprensión de lo que acababa de ocurrir les golpeara como un puñetazo en la cara, y luego todos salieron corriendo. Sean escuchó a las chicas gritar, pero nunca miró hacia atrás para buscarlas; también se dio cuenta de que algunos de los chicos gritaban, pero tampoco se detuvo a mirarlos. Solo esperaba entrar en la seguridad de su propia casa.

Sean nunca había entrado corriendo a casa tan rápido como esa noche. Sentía que probablemente fue una de las cosas más tontas que había hecho en la vida, pero la locura de lo que ocurrió lo requirió. No miró hacia atrás para ver si alguien más se quedaba, ni realizó la acción caballerosa de asegurarse de que las chicas llegaran a salvo a sus casas; simplemente obtuvo la visión más tunelizada que jamás hubiera tenido y solo pensó en llegar a su casa, su habitación, su cama, y eso fue todo.

Al día siguiente, Sean supo que nadie se quedó, todos corrieron, incluso Ryan. Joey dejó el tablero de Ouija en la farola y allí permaneció durante toda la noche hasta la mañana siguiente. La Ouija estaba en el suelo junto a la caja sobre la que se acomodó la tabla, Joey dijo que la soltó cuando corrió y no sabía qué le pasó.

. . .

Jaime y otra chica que se quedó en su casa esa noche ni siquiera durmieron, así que no la vieron hasta más tarde del siguiente día. Cuando llegó el momento de encender las farolas, se encendieron todas como de costumbre, así que el grupo decidió que si simplemente no hablaba de eso, podrían olvidar que alguna vez sucedió y continuar... pero no, el recuerdo se quedó con los demás al igual que con Sean, Joey y Jaime.

Todos recibieron un buen regaño de la hermana de Joey, quien les dijo que no deberían haber usado la Ouija sin ella, que eran demasiado jóvenes y demasiado débiles para tratar con los "espíritus". Si un espíritu mayor y más fuerte hubiera venido a ellos en lugar de una niña, podrían haber resultado seriamente lastimados. Sin embargo, Sean no dejó que este suceso le afectara y a partir de ese momento comenzó a bromear constantemente: *"¿qué tiene 2 pulgares y nunca más se acercará a otra Ouija? ¡Este chico de aquí!"*

Desde que tenías ocho

Fue a finales de los 70 cuando Emma y su mejor amiga, Joan, decidieron probar una tabla Ouija que resultó ser una de las cosas que el padre de su madre (su abuelo) había dejado atrás cuando falleció.

. . .

El abuelo de Joan no fue un hombre muy agradable en vida, ella le contaba a Emma todas las cosas que su madre le había dicho sobre él: básicamente, había hecho de la vida de sus hijos y de su esposa un infierno en la Tierra y la madre de Joan se casó para lograr escapar de casa.

Una noche, Joan le habló a Emma por teléfono, contándole sobre la tabla de Ouija; el interés de Emma se despertó instantáneamente. "*¿Quieres probarla?*" preguntó por teléfono - "*sí, ¡iré enseguida!*", respondió Emma.

En ese momento, Emma no tenía licencia de conducir. Ambas vivían en una pequeña ciudad de alrededor de 700 habitantes, así que salir a pie rumbo a su casa no era gran cosa, aunque Emma vivía al otro lado de la ciudad. Emma se sentía tan ansiosa por comenzar la sesión con el tablero de Ouija que logró llegar en un tiempo récord.

. . .

Una vez que llegó a casa de Joan y ella la hizo pasar, sacó con cuidado la caja que contenía la tabla Ouija del armario del vestíbulo. Emma la siguió a su habitación, donde comenzarían la sesión con esta reliquia que, para ellas, estaba impregnada de delicioso misterio y aún mejor: ¡completamente prohibida!

No solo estaban haciendo alarde de su rebelión y la manera en la que estaban desobedeciendo a sus padres, sino que estaban cruzando un umbral hacia un abismo oscuro y sobrenatural.

Joan sacó la tabla de la caja y la colocó en una plataforma baja en el suelo; Emma ocupó su lugar a un lado y ella en el otro. Ambas muchachas inhalaron al unísono mientras sus ojos se encontraron a través de la minúscula distancia, ninguna de las dos tenía el más mínimo atisbo de vacilación o duda. *"¡Hagámoslo!"* se anunciaron la una a la otra en una especie de silencio telepático.

"¿Qué pedimos?" dijo Emma. Ni siquiera lo habían considerado. Se hizo un breve momento de silencio mientras reflexionaban, y luego Joan indicó que tenía una idea, y

que colocaran las manos en la *planchette*. Lo hicieron con una reverencia natural por las cosas desconocidas, y entonces Joan se aclaró la garganta.

"*¿De dónde eres?*", gritó. Al principio, nada sucedió, únicamente silencio. Se miraron la una a la otra con el ceño fruncido. Joan repitió su pregunta. Esta vez el puntero se movió, pareciendo deslizarse por la tabla por su propia cuenta; las chicas volvieron a mirarse con el ceño fruncido, cuestionando de repente la honestidad de la otra.

"*¿Estás haciendo eso?*" preguntó Joan. "*¡No!*" contestó Emma, irritada. La noche se deslizaba por la habitación como una profunda sombra. El sonido del puntero al comenzar a abrirse paso hacia una sola letra fue casi sedoso. Entonces se detuvo. Ambas tomaron nota de lo que deletreaba mientras se dirigía rápidamente a otra letra.

"A-Q-U-Í", deletreó finalmente. Emma sintió un escalofrío, pero Joan no estaba convencida, estaba segura de que su amiga era la fuerza impulsora que movía el puntero, a lo que Emma se indignó.

. . .

"Pregúntale otra cosa", Joan casi exigió. Emma se mordió el labio y estudió el tablero: en todos sus 15 años en la Tierra, esto se estaba volviendo lo más parecido a una película de terror que podría experimentar. Tenía que hacerlo bien.

"¿Estás apegado a mí o a Joan?" preguntó, sonriendo. Joan jadeó, con los ojos muy abiertos. Las amigas se quedaron calladas, se inclinaron sobre la tabla y volvieron a colocar las manos muy suavemente sobre la plancha... Que deletreaba el nombre de Emma. Esta vez la chica se convirtió en la incrédula.

"Basta", le gruñó a Joan. *"¡No soy yo!"*, protestó ella.

Habían encendido una vela y solo la suave luz ámbar de una pequeña lámpara en la mesita de noche de Joan acompañaba su diminuta llama, la velada se había hecho más profunda. Las chicas se miraron a través del tablero de Ouija.

. . .

Emma tomó nota de sus rasgos faciales en la sombra ahora, lo que se agregó a lo que ella comenzó a sentir que fue el desarrollo de su propia película de terror personal.

Inocentemente... siguieron adelante. *"¿Cuánto tiempo llevas con ella?"*, preguntó Joan. Emma sintió que su corazón latía contra sus costillas; no estaba segura de querer saberlo, pero tampoco estaba segura de que Joan no le estuviera tomando el pelo. Sabía absolutamente que no era ella quien guiaba la plancha, tenía que ser su amiga.

Esta vez, la *planchette* decía "desde que tenías ocho", como si le hablara a Emma directamente. *"Esto no es gracioso"*, dijo, y Joan insistió en que ella no era la que lo deletreaba todo; incluso, estaba profundamente convencida de que era Emma quien estaba haciendo una broma: *"pregúntale otra cosa"*, exigió. Emma sabía perfectamente lo que quería preguntar, así que lo dijo en voz alta - *"¿Qué quieres de mí?"*

El puntero se detuvo. Ambas tenían las manos en él a la ligera, esperando. Hizo un par de salidas en falso, pero luego comenzó su viaje confiado en todos los ámbitos para deletrear la respuesta. Cuando su respuesta se hizo evidente, ambas se horrorizaron.

"Quiero poseerte", fue su respuesta. Emma, enojada, soltó el puntero y se alejó rápidamente de la tabla Ouija, mirando fijamente a Joan. Pero la expresión de su rostro era igualmente enojada y disgustada: *"¡Oh, basta!"* le gritó de nuevo, *"¡eso ni siquiera es gracioso!"*. *"¡Yo no lo hice!"*, se defendió Emma.

Y luego, así, la vela se apagó. Fue como si alguien acercara los labios a la llama y hubiese soplado, con el sonido del aire suavemente forzado que pasaba entre ellos. Las amigas jadearon al unísono. La habitación estaba a oscuras, pero no del todo. Ahora el resplandor ámbar de la lámpara era el único que iluminaba la habitación.

Joan y Emma se miraron la una a la otra, con los ojos muy abiertos, con incredulidad. Sabían que eso era una hazaña imposible, pero así había sucedido, de manera incondicionalmente inexplicable y aterradora. Emma sintió que se le erizaba el pelo de la nuca, su corazón estaba latiendo fuertemente, quería saltar a los brazos de Joan para consolarse, pero ninguna de las dos quería moverse.

Y después, justo cuando comenzaban a volver a sus sentidos, la vela, así como así, se volvió a encender.

Se volvió a encender... por sí sola... por su propia cuenta... sin nadie cerca para hacerlo. Ambas se alejaron del tablero de Ouija y de la vela, y luego se abrazaron sujetándose estrechamente, con los ojos clavados en esa vela incandescente y su llama bailando tranquilamente con los movimientos invisibles del aire en su habitación.

Esta no era una vela engañosa, era solo una vela de cera ordinaria que Joan había tomado del comedor para usarla. Las niñas nunca se explicaron cómo pudo haber sucedido eso, pero decidieron dejar la tabla Ouija para siempre.

Sin embargo, empezaron a suceder cosas extrañas en la casa, que no se detuvieron hasta que Joan sacó la tabla de donde estaba guardada y la arrojó al cubo de basura en el patio trasero de la propiedad. En ese entonces, todavía se podía quemar la basura en botes de basura de metal, y eso es lo que hicieron con la tabla Ouija en su momento.

Solo entonces cesaron para Joan todas las cosas paranormales. Emma nunca sintió que hubiera algo relacionado con lo que "eso" les había dicho sobre estar con ella desde que tenía ocho años, nunca entendió el significado de ese mensaje.

Sin embargo, siempre había sido sensible a las emociones de los demás (la gente generalmente la consideraba empática), y siempre había tenido sueños proféticos y había visto cosas inexplicables.

Independientemente de eso, nunca se pudo explicar por qué le llegó ese mensaje, ¡y mucho menos fue capaz de explicar la vela!

23 días

Durante el verano del tercer año de Tyler en la escuela secundaria, un grupo de amigos suyos, tanto hombres como mujeres, solían jugar regularmente con la tabla Ouija. Al principio, Tyler y sus amigos lo tomaban como una broma… le hacían a la pizarra las típicas preguntas tontas y raras para pasar el tiempo riéndose, algo como *"¿Joaquín tiene vagina?"*… Luego, todos los chicos rápidamente movían el puntero hacia el sí.

Después de un periodo de más o menos una semana de jugar con el tablero casi todos los días, poco a poco se hizo evidente que estaba sucediendo algo diferente.

Tyler y su grupo pasaron uno o dos días acusándose mutuamente de mover el puntero, todos negaban que lo estuvieran moviendo, pero todos sabían que de hecho *alguien* lo estaba moviendo.

Todos habían aprendido del fenómeno en el que la mente de una persona puede manipular una cuerda a través del subconsciente, mediante la manipulación de los nervios motores finos que causan contracciones musculares que hacen que la cuerda parezca moverse, y nadie quería verse como un tonto frente a las chicas.

Así pues, nadie admitió haberlo movido, a pesar de que claramente alguien lo estaba haciendo, y todos tenían sus sospechas basadas en qué chico parecía más probable a aprovechar la creciente inquietud de las chicas durante los días que siguieron, al sentarse muy cerca de ellas y poner sus brazos alrededor de sus hombros para calmar sus nervios.

Todo cambió cuando los chicos decidieron jugar con la Ouija en el parque durante una noche particularmente oscura; el tablero les informó que estaban hablando con un espíritu de niño que se llamaba Zac.

Se enteraron de cómo aparentemente había muerto, de su edad cuando murió y de qué chica del grupo aparentemente se estaba enamorando. Este fue el punto de inflexión para Tyler porque después de esta noche, todas las noches que siguieron fueron claramente diferentes.

Un par de días después de ese momento, todos decidieron como grupo llevar la tabla Ouija a la casa de una de las niñas que vivía en un inmueble muy antiguo, de más de cien años (a diferencia del resto del grupo, ya que la mayoría vivía en casas recientemente construidas).

. . .

El puntero comenzó a moverse a velocidades desconcertantes, los chicos no sabían qué estaba pasando, ni si la atmósfera o su estado de ánimo tenía algo que ver con el movimiento. Comenzaron a hacer lo que habían visto en películas, Tyler comenzó a escribir las letras en las que se detenía el puntero antes de pasar rápidamente a la siguiente sin ningún tipo de planificación previa. Leyeron oraciones, frases e historias completas... todo el tiempo con ciertas palabras mal escritas, detalles que uno atribuiría a un niño. Todo el grupo se sentía muerto de miedo.

Ese verano, el grupo continuó haciéndole preguntas a Zac. Algunas veces, sus respuestas tendrían sentido inmediato, y en otras ocasiones se revelarían en el futuro de diferentes formas. Por ejemplo, había una chica nueva en el colegio con la que todos estaban intrigados, y en algún momento Tyler le preguntó a Zac si la conocería... y la respuesta fue 23 días. 23 días después, ella le pidió a Tyler que la acompañara a un baile escolar.

. . .

Las historias se volvieron más extrañas y precisas a partir de ese momento. Los chicos continuaron preguntando cosas a Zac, tales como cuándo iban a morir todos, quién sería el más rico, cuál era la verdadera religión, si existía Dios... a lo que el tablero respondía con extraña exactitud cada vez y la mayoría de sus respuestas eran bastante impactantes.

Conforme los chicos crecieron, creyeron aún más fuertemente en el espíritu de Zac: las predicciones que se le pidieron se cumplían, y continuaban cumpliéndose con el paso de los años.

No olvides despedirte

Faryaal nunca había usado personalmente una tabla Ouija, ni pensaba hacerlo. Sin embargo, una noche, algunos de sus amigos cercanos la invitaron a salir, descuidando engañosamente decirle que habían comprado una tabla de Ouija.

La mejor amiga de Faryaal sabía que odiaba incluso el concepto de las tablas Ouija, así que cuando le dijo que se encontrara con ella en su antigua escuela secundaria a la 1 am, muchas posibilidades pasaron por su mente, pero convocar demonios no era una de ellas. De todos modos, Faryaal apareció pensando que iban a fumar o iban a convivir de alguna manera similar, pero no: se encontró con su amiga y con algunos de sus compañeros de trabajo sentados allí con una tabla Ouija, en la vida real.

Después de un montón de idas y vueltas, Faryaal aceptó a regañadientes sentarse junto a su amiga y los amigos de su amiga para verlos jugar. Todo el tiempo, se sentó cada vez más cerca del estacionamiento, con los ojos puestos en su automóvil en caso de que tuviera que correr (sintiéndose realmente paranoica por esto). Se negó a tocar siquiera el tablero mientras los demás jugaban.

Estaba oscuro, todos estaban en una escuela secundaria vacía que bordeaba un bosque y a Faryaal le parecía una situación muy espeluznante. Todos juraron que no se meterán con el tablero y repasaron todas las reglas antes de comenzar a jugar con la Ouija. Empezaron por hacerle al tablero algunas preguntas al azar, pero nada se movió.

. . .

Todos se sentían frustrados y aburridos, hasta que finalmente alguien preguntó *"¿hay un espíritu aquí?"* y el puntero se movió a "sí". Todo el mundo se quedó paralizado, mirándose los unos a los otros, como diciendo "¿cuál de ustedes, idiotas, movió el tablero?"; pero todos parecían igualmente asustados. Comenzaron a hacer más preguntas: *"¿eres hombre?"* y el puntero volvió a pasar a "sí".

El grupo siguió haciendo preguntas genéricas sobre el espíritu, pero una de las chicas decidió preguntar sobre sí misma: "¿Me haré rica?", "¿me casaré con alguien en un futuro próximo?" y otras similares.

En este punto, Faryaal no solo estaba bastante temerosa sino que se sentía bastante incómoda porque era un poco supersticiosa.

Siendo musulmana, creía que no debemos preguntarle nada a los "espíritus", porque se juega con magia negra. De todas formas, la chica le pregunta al "espíritu" si vivirá por mucho tiempo y la tabla dice "no".

Ella se enoja un poco y pregunta *"¿moriré pronto?"* y la pizarra dice "sí".

En este punto, todos parecen tan atemorizados como Faryaal. La chica pregunta *"¿estoy en peligro inmediato?"* y el puntero apunta a "sí". Después de eso, todos terminaron el juego, desmantelaron todas las piezas según las reglas y las guardaron. Faryaal se sentía sumamente enojada por ser arrastrada a este lío, y pensó que la perseguirían el resto de la noche.

De todos modos, no pasó nada y todos fueron a fumar después de eso, lo que pareció calmar los nervios de todos. Sin embargo, la parte más espeluznante fue unas semanas después, cuando la chica propietaria de la tabla Ouija les envió un mensaje de texto a todos: esa noche, había tenido una pesadilla en la que estaba jugando sola al tablero de Ouija, lo cual va en contra de una de las reglas. Estaba tan asustada que fue a su auto para mirar el juego y descubrió que algunas de las piezas estaban ensambladas y había un rasguño largo en el borde del tablero.

Nadie en su familia sabía que incluso tenía el juego en su auto, se había asegurado de que todas las piezas estuvieran desarmadas al guardar el juego, y el juego era nuevo cuando jugaron, ninguno de los presentes lo había rayado. Entonces, ¿cómo se ensamblaron las piezas?, ¿cómo fue que tenía un rasguño? El grupo entonces se dio cuenta de que una de las reglas más importantes era decir adiós cuando terminas de jugar para que el "espíritu" no te siga.

4

Cuando la familia llama

LA MAYORÍA DE LAS VECES, las experiencias con el tablero Ouija no son más que diversión y juegos. Las niñas en fiestas de pijamas preguntan a fantasmas sin nombre con quién se casarán, o tal vez un grupo espiritualista se entera de la historia de un soldado muerto hace mucho tiempo que fue testigo de acontecimientos históricos.

Sin embargo, en muchos sentidos, comunicarse a través de la Ouija puede ser muy impersonal. No puedes ver el espíritu con el que estás hablando y rara vez pasas suficiente tiempo con ellos para llegar a conocerlos realmente... Es decir, hasta que te encuentras con alguien en la muerte a quien conociste en vida. ¿Es una coincidencia que la familia perdida decida llamar a sus parientes vivos?

¿O tienen un mensaje o algún otro asunto pendiente?

Chicle

Era 1994 y Karen iba a la universidad en Filadelfia. Un fin de semana, una gran tormenta de invierno se apoderó de la ciudad, por lo que todos debían refugiarse en el interior. Karen y su compañera de cuarto, Jen, decidieron invitar a un par de amigos para no volverse locos por el aburrimiento.

Una vez que estuvieron todos juntos, Jen sugirió que Karen sacara su tabla Ouija, los otros dos pensaron que era una gran idea, sería divertido intentar asustarse un poco el uno al otro. Jen y su amigo Mike instalaron la tabla entre ellos, casi de inmediato, todos pudieron sentir una presencia espiritual llenando la habitación.

. . .

El puntero se movió antes de que Jen pudiera siquiera hacer una pregunta. "Q-U-I-E-R-O-A-K-A-R-E-N", deletreaba. Karen se sentó en el fondo, luciendo sorprendida. Sintió un escalofrío recorrer su espalda, *¿por qué yo?* se preguntó para sí misma.

A Karen no le gustó que la *planchette* hubiera escrito su nombre, pero como ella no era la que estaba jugando, pensó que era seguro hacer algunas preguntas.

"¿Quién es?" ella preguntó, y el puntero deletreaba "S-T-E-P-H-E-N". Todos en la sala se rieron, todos excepto Karen. Los demás sabían que Karen tenía un hermano menor llamado Stephen, y pensaron que probablemente era una coincidencia que el espíritu tuviera el mismo nombre, pero lo que no sabían era que Stephen era un nombre regular dentro de su familia. Su tío también se llamaba Stephen, al igual que su abuelo.

"¿Cómo es que me conoces?" preguntó Karen, la habitación quedó en silencio cuando el puntero se movió bajo los dedos de Jen y Mike. "A-B-U-E-L-O". Jen miró a Karen, confundida: *"¿también tienes un abuelo llamado Stephen?"*, Karen asintió, *"falleció cuando yo tenía ocho años"*. La

atención de todos se centró en el tablero. Karen tenía que saber si este era realmente su abuelo, así que se devanó la cabeza en busca de algunos recuerdos tempranos que solo él conocería.

Finalmente, dijo: *"¿cuál era el regalo especial que solías traerme cuando venías de visita?"*

La *planchette* se movió para deletrear, "C-H-I-C-L-E". Karen sabía que sus amigos no podían saber eso, incluso su madre probablemente lo había olvidado; se reclinó en el sofá, luciendo pálida. *"¿Qué significa eso?"* preguntó Jen. Karen suspiró: *"cuando mi abuelo venía a visitarme, me traía una caja de puros llena de puros de chicle. Nos sentábamos juntos, él fumaba y yo fingía hacerlo con el chicle".*

El grupo miró a Karen. Se estaba sintiendo bastante asustada en este punto, pero se recordó a sí misma que este espíritu no le había dicho nada malo o dañino hasta ahora. El puntero se movió por sí solo. "T-E-A-M-O", deletreaba. Karen vaciló. *"Yo también te amo, abuelo".* Luego, el puntero se movió a "Adiós". El grupo decidió cerrar el tablero.

. . .

Más tarde esa noche, Karen estaba en la cama cuando de repente recordó un sueño que había tenido cuando tenía 12 años. Su abuelo se había ido por 4 años, pero se acercó a ella en el sueño solo para decirle que estaba bien. Karen había preguntado: *"¿puedo ir contigo al cielo?"* *"No"*, dijo su abuelo, *"pero estoy bien"*.

Karen siempre se había sentido cercana a su abuelo, e incluso después de todos estos años, sentía que él estaba con ella siempre. Ella pensó que el sueño y la experiencia de la tabla Ouija eran su forma de comunicarse con ella y hacerle saber que todo estaba bien para él.

Estoy bien y estoy feliz

Cuando Susan tenía 12 años, se hizo amiga de una niña que solía jugar con la tabla Ouija en compañía de su hermana. Encendían velas y supuestamente tenían un "guía espiritual" en el otro lado que las conectaba con sus seres queridos y amigos fallecidos. Ella convenció a Susan para que fuera a su casa una noche a jugar, y tratara de contactar a su abuelo que había fallecido recientemente.

. . .

Al principio, Susan lo tomó todo como una broma y realmente no creía que fuera posible contactar a su abuelo; la pequeña había jugado con tablas de Ouija antes y, por supuesto, nunca pasó nada relevante. Entonces, comenzaron con la sesión y apagaron todas las luces, encendiendo únicamente algunas velas.

Inmediatamente, las velas comenzaron a parpadear cuando su amiga "contactó" a su guía espiritual en el otro lado.

Susan comenzó a hacer preguntas que sabía que su amiga no sería capaz de responder, como el cumpleaños de su abuelo, la fecha del día en que se casó, el segundo nombre de su hija (la madre de Susan), etc. Su amiga y el guía procedieron a responder todas y cada una de las preguntas que hizo correctamente.

Un antecedente importante es que la madre de Susan tenía una enfermedad mental: creció con esquizofrenia, así que siempre hubo mucha fricción dentro de su familia por eso. La niña no mencionó nada sobre esto ya que era un tema sensible, y ninguno de sus amigos sabía sobre la condición de su madre.

. . .

Así, Susan le preguntó al guía si su abuelo estaba bien, si estaba feliz y si extrañaba a su abuela y a su mamá. El puntero respondió con "Estoy bien. Estoy feliz", y luego mencionó los problemas de su madre, diciendo que era una mujer muy fuerte y que se sentía orgulloso de ella. Esta respuesta impactó a Susan, ya que, una vez más, su amiga no sabía nada sobre los problemas mentales de su madre ni conocía información personal de ella o su familia, pero la Ouija respondió todo correctamente.

Esa noche, la pequeña Susan no logró conciliar el sueño, permaneció despierta toda la noche, mirando a su habitación en la oscuridad, completamente asustada por lo que acababa de suceder. Al día siguiente, fue a la casa de su abuela, su tía abuela también estaba allí de visita.

De alguna manera, el abuelo de Susan apareció en la conversación: las dos mujeres (la abuela y la tía abuela) hablaban de cuánto lo extrañaban y se preguntaban si el hombre era feliz.

. . .

Susan se armó de valor y les contó a ambas sobre su experiencia la noche anterior. Su tía abuela era una católica religiosa muy supersticiosa y le advirtió duramente que la tabla Ouija es extremadamente peligrosa y que los niños NO deberían jugar con esas cosas. Lo cual es irónico, ya que están hechos por la industria juguetera y se venden en todas las jugueterías de América.

Por otra parte, su abuela estaba muy disgustada y se puso a llorar. Las tres se sentaron una vez que la situación se calmó y hablaron sobre lo sucedido; la tía abuela comenzó a contar que la noche anterior tuvo un sueño muy surrealista sobre el abuelo de Susan.

Les contó que en su sueño, el hombre entró en la casa de la abuela de Susan y ella no estaba allí, así que el abuelo salió a dar una vuelta por la esquina. La tía dijo que el abuelo llevaba un traje nuevo y se veía maravilloso, también contó que la vio y le dijo: *"estoy bien. Por favor, dile a Rosemary* (la abuela de Susan) *que estoy bien y estoy feliz. Dile que la amo y que la veré pronto. Y dile a Kathy* (la mamá de Susan) *que la amo y que estoy muy orgulloso de ella"*. Fue un día muy emotivo y surrealista. Las mujeres se sentaron llorando y recordando al abuelo, hablando de los buenos tiempos y contando anécdotas que les abrazaban el corazón.

Susan no sabía cómo sentirse por todo lo que pasó: no era una niña religiosa ni creía en "espíritus del más allá", veía toneladas de programas paranormales y de crímenes verdaderos, e incluso había estado en varios "tours de fantasmas" y había visitado (e incluso pasado la noche) en múltiples lugares embrujados, pero personalmente, nunca había experimentado nada paranormal por ella misma hasta ese momento.

Sin embargo, esta experiencia quedó guardada dentro de su corazón y le acompañó hasta que fue mayor.

La madre de Susan falleció en 2011, luchó con problemas mentales y problemas de salud toda su vida; la mujer, literalmente, nunca tuvo un día de paz. Pero después de hablar con su abuelo, aunque no fuera capaz de probar que hubiera sido real, Susan sintió que podía creer que su mamá estaba en un lugar mejor y su abuelo la estaba cuidando.

. . .

Ese se volvió un pequeño consuelo para Susan, ya que su madre luchó toda su vida con enfermedades mentales dentro de una sociedad que consideraba a las personas con enfermedades mentales como "menos que humanos".

Para ella, era reconfortante el haber vivido ese encuentro y saber que su madre tenía a su abuelo con ella al otro lado, cuidándola. La vida siguió, pero Susan creció con la esperanza de algún día, volverlos a ver.

5

Zozo

Cualquiera que tenga interés en el espiritismo y que use la tabla Ouija ha oído hablar del fenómeno Zozo.

Este fenómeno ha llevado el terror a miles de usuarios de tablas de Ouija en todo el mundo, y a pesar de esto, todavía no está claro quién o qué es él. Algunos dicen que es un producto de la imaginación de las personas, perpetuado a lo largo del tiempo por coloridas historias; otros dicen que es un espíritu maligno que no trama nada bueno y otros más creen que es un demonio que guarda las puertas del infierno. Lee estas historias de Zozo y decide por ti mismo/a.

. . .

Temo por su seguridad

Era 2012 y Abril acababa de mudarse con su hermana Joyce. Una noche, las dos hermanas decidieron invitar a sus amigos, Trevor y Melissa, a hacer algo divertido; todos estaban fumando y reflexionando sobre qué hacer cuando Abril sugirió que deberían jugar Ouija.

A Abril le encantaba la idea de preguntarles a los espíritus sobre la otra vida, y había jugado sola con el tablero durante muchos años sin que sucediera nada malo. Los cuatro se sentaron juntos a la mesa alrededor del tablero; Joyce y los demás no eran tan creyentes, por lo que Abril decidió liderar el juego. *"¿Hay alguien ahí?"*, preguntó. Lentamente, el puntero se movió a *"Sí"*.

"¿Con quién estamos hablando?" – el puntero se movió de nuevo, deslizándose a la letra Z, luego O, luego Z y luego O de nuevo. No dejaba de moverse entre las dos letras, comenzó a ganar velocidad a medida que avanzaba y retrocedía. Trevor y Melissa parecían desconcertados.

. . .

"¿Qué quieres?", preguntó Abril. El puntero se movió rápidamente: "E-L-L-A" - *"¿Quién es ella?"* - El puntero se movió de nuevo: "M-E-L-I-S-S-A" Melissa sonrió levemente, pensando que era una broma, pero Abril, en cambio, comenzaba a asustarse.

"¿Qué quieres de ella?", preguntó, y la única respuesta que recibieron fue "L-A-Q-U-I-E-R-O", deletreada rápidamente. La *planchette* no parecía querer detenerse, y volvió a moverse de un lado a otro entre Z y O.

El grupo comenzó a cansarse de este espíritu vago pero enérgico; frustrada, Melissa dijo: *"este espíritu es un idiota"*. Justo cuando el insulto salió de su boca, el puntero se detuvo en el tablero. Lentamente, comenzó a moverse de nuevo, deletreando "M-U-E-R-T-E".

"¿Por qué hiciste eso?", gritó Abril, *"él podría ser capaz de hacernos algo horrible…"*. No quería que nada malo les pasara a sus amigos. Melissa se sentó en silencio, un poco temblorosa y avergonzada, los demás decidieron intentar seguir comunicándose. Pronto, Abril notó lo cálido que se sentía el puntero bajo sus dedos, de hecho, hacía más calor. *"¿Sienten eso?"* dijo Joyce, y los demás asintieron.

. . .

"*¿Estás enojado?*" Abril preguntó con una sensación de aprensión. La *planchette* comenzó a moverse tan rápido que nadie pudo seguir el ritmo de las letras. Entonces el espíritu pareció quedarse estancado en una rutina y comenzó a deletrear "M-A-M-A" una y otra vez.

Abril decidió intentar forzar el puntero a una letra diferente, pero no se movió. "*¡Maldita sea!*".

Trevor apartó las manos: "*me largo. Esto es demasiado extraño*". Fue entonces cuando la atmósfera cambió por completo. Nada se veía diferente, pero Abril tuvo la sensación de que había una presencia en la habitación, el aire se volvió pesado y el miedo se apoderó de sus ojos. De repente, ya no se sentía ella misma; de alguna manera, sabía que había algo dentro de ella.

De la nada, un fuerte sentimiento de odio se apoderó de ella, luego se echó a reír, no tenía idea de por qué, y al momento siguiente estaba llorando. Se dio cuenta de que ya no tenía control sobre sus emociones, pero eso no fue todo. Abril sintió la sensación de odio en la fluencia de nuevo, y se encontró a sí misma lentamente volviéndose hacia Melissa. Entonces sonrió. No era una sonrisa feliz o falsa, era positivamente malvada.

Abril no sentía que realmente fuera ella quien hiciera las acciones; había algo dentro de ella, algún demonio. Joyce cerró de golpe el tablero - *"Trevor tiene razón, esto se está poniendo espeluznante"*. Todos se levantaron de la mesa, pero Abril tuvo problemas para salir de su ensueño.

Aún podía sentir algo oscuro hirviendo bajo la superficie, pero no sabía qué decirles a los demás.

Después de un tiempo, lentamente comenzó a volver a la normalidad; una vez que se sintió completamente como ella misma de nuevo, el alivio se apoderó de ella. Se había sentido asustada antes, pero no por ella misma. Tenía miedo por la seguridad de su hermana y sus amigos. Abril sabía que todo lo que había entrado en su cuerpo era poderoso. Si Zozo hubiera querido lastimar a uno de los otros, no habría podido detenerlo.

Saber cuándo parar

. . .

Darren vivía en Tulsa, Oklahoma. Desde una edad temprana, había sentido una gran fascinación por lo oculto y místico. Comenzó a utilizar la Ouija desde joven, y pronto aprendió que pueden suceder cosas malas debido a la capacidad del tablero de crear "portales".

Durante sus experiencias con las tablas de Ouija, un espíritu en particular siempre parecía obligado a dar a conocer su presencia. Su nombre era Zozo.

Incluso muchos años después, Darren se negaba a pronunciar su nombre, porque creía que la mera pronunciación era capaz de hacer que Zozo se manifestara.

Darren tuvo encuentros con Zozo tantas veces que se volvió imposible contarlas: al principio había fingido ser un buen espíritu, o incluso se había hecho pasar por quien sea a quien Darren estaba tratando de contactar.

. . .

Pero finalmente mostró su verdadero yo, maldiciéndolo, amenazándolo a él y a los demás presentes en la habitación.

Una vez, lo maldijo usando palabras que parecían provenir del latín o hebreo, y usando terminología bíblica.

Darren se encontraba realmente fascinado y sorprendido por la cantidad de veces que apareció Zozo ante él, incluso en muchos estados diferentes y en muchas tablas Ouija diferentes.

Zozo siempre terminaba hablando de maneras muy desagradables y comentaba libremente cómo quería poseer a las amigas de Darren y llevarlas al paraíso. Cuando se le preguntó dónde estaba el paraíso, deletreó I-N-F-I-E-R-N-O.

Una vez, después de que Zozo utilizaba el puntero para decir cosas extremadamente malvadas, Darren entró a su baño solo para ver a su hija de 1 año a punto de ahogarse: su madre la había dejado sola en la bañera "sólo por un segundo" y de alguna manera el agua se abrió y se desbordó. Instintivamente, la niña tenía la cara inclinada hacia arriba y estaba a segundos de hundirse cuando Darren la sacó del agua.

Al día siguiente, la hospitalizaron por una extraña infección interna y la aislaron durante 14 días seguidos mientras los médicos intentaban diagnosticar la enfermedad. Casi la pierden, y fue entonces cuando Darren comenzó a sospechar de un ataque demoníaco.

Al mismo tiempo, su pareja mantenía un estado de "trance", su personalidad cambió y de ser una persona muy dulce se convirtió en alguien retraída e indiferente. Antes de esto, Darren había contactado con Zozo, quien le dijo que la iba a poseer y a devorar su alma.

Alguna otra vez, Darren se encontraba grabando música para un futuro proyecto de rock y se le ocurrió preguntarle en broma a la Ouija si ésta tenía una opinión sobre cómo debería llamar a la banda. Deletreaba “LENGUA DE HIERRO”, que en ese momento pensó que era un hombre genial. Sin embargo, más tarde, cuando la lengua de su hija se hinchó en el hospital hasta el punto de asfixiarla, se dio cuenta de que eso no era nada genial.

La lengua de la pequeña se puso dura como una roca y distorsionó su rostro, hinchándose hasta donde colgaba grotescamente de su boca. Él y su pareja se turnaron junto a la cama de hospital durante lo que pareció una eternidad antes de que la pobre niña comenzara a recuperarse de esta extraña aflicción.

Cuando los invitados pasaban la noche en casa de Darren, juraban que habían escuchado voces aterradoras provenientes del interior de las paredes, que objetos salían volando a través de la habitación y las arañas parecían aparecer de la nada. El hermano de la pareja de Darren, que vivía con ellos, se quejaba de que no podía dormir por la noche porque las "conversaciones" eran tan fuertes que simplemente no podía descansar.

El hombre creía en los fantasmas y, aunque no les tenía miedo, dijo que definitivamente se sentía demoníaco. Las luces se apagarían y encenderían solas, las puertas se abrirían y desbloquearían solas. Una noche, en el dormitorio de la pareja, una risa viscosa emanó de la nada, haciéndoles sentir un terror indescriptible.

Otra noche, Darren despertó al sentir que unas manos en su garganta intentaban ahogarlo: no podía respirar, ni podía gritar. Después de unos 30 segundos, las manos soltaron su agarre mientras Darren jadeaba fuertemente tratando de recuperar el aire. Lo mismo le pasó a su esposa la noche siguiente.

Otra noche, el hermano de su novia y él estaban parados afuera de la puerta corrediza de vidrio del patio trasero, hablando de una supuesta maldición hacia su familia. De repente, Darren exclamó: *"¡reprendo esta maldición en el nombre de Jesucristo!"*, y no logró terminar de decir por completo las palabras, ya que un sonido ensordecedor y una vibración golpearon toda la casa con un "boom" tan alarmante que los vecinos se acercaron a preguntar si había sucedido algo.

Darren sabía que el sonido no provenía de su imaginación, por lo que subió para ver qué había aterrizado en la parte superior de la casa, sin encontrar nada.

Después de ese momento, las cosas se calmaron, lo que le hizo pensar a Darren que lo que fuera que hubiese hecho ese ruido también causó que la perturbación desapareciera... Por un tiempo.

Tiempo después, Darren se separó de su pareja, y posteriormente conoció a alguien en línea en Michigan, por lo que cambió de residencia para poder estar con ella. La mujer no creía en los espíritus y, aunque Darren conocía sobre los peligros que podían acecharles, decidió convertirla en creyente también.

Ambos vivían en una ciudad muy pequeña dentro de Marshall, Michigan, en donde no había tiendas que vendieran tablas Ouija, así que Darren, aún sin aprender su lección, descargó una de Internet. La imprimió y, para su horror, Zozo regresó diciendo que venía del "ciberespacio".

Cuando Darren le preguntó dónde vivía, deletreaba "COLLAR-DE-CRÁNEO"...

. . .

La nueva pareja no pensó mucho en esto, hasta que Darren preguntó de nuevo a Zozo dónde estaba, esta vez recibiendo la respuesta de "E-S-P-E-J-O". Se dieron cuenta de que había solo un espejo en el dormitorio donde estaban utilizando la Ouija, y de repente escucharon un grito: provenía de la sobrina de la nueva pareja de Darren, quien, junto con otro pequeño amigo, había estado mirando la sesión. Al voltear al espejo vieron, precisamente, un collar de calavera balanceándose hacia adelante y hacia atrás, con ojos brillantes como si les estuviera mirando.

El hijo de esta nueva novia había colgado el collar en uno de los postes de la cama horas antes de que Darren descargara la Ouija digital, bastante lejos del espejo. La pareja casi salta fuera de su piel, y aunque había caído un metro de nieve fresca esa noche, todos se encontraron en el patio delantero sin saber qué hacer, asustados y congelados de terror.

Su novia estaba tan fascinada con el evento que condujo más de 40 kilómetros para comprar una nueva tabla Ouija que brillara en la oscuridad. La noche siguiente tuvieron otra sesión en la misma habitación,

Zozo apareció de inmediato e incluso sin que Darren participara.

Esta vez, las sobrinas de su novia eran quienes usaban la *planchette*: Darren escribía en secreto un color en un pequeño trozo de papel y luego lo arrugaba donde nadie pudiera verlo, después le pedía a las jóvenes que le preguntaran a la pizarra si sabía qué color había escrito.

El puntero rápidamente se movió a "SÍ"... "¡AZUL!", Darren entonces pasó el papel a su novia y sus ojos se agrandaron al leer escrito el color AZUL. Intentaron lo mismo con formas y palabras y, cada vez, la Ouija sabía qué había escrito.

Noches después preguntaron al tablero si el espíritu se mostraría. El puntero deletreó S-Í e indicó a Darren que apagara las luces y tomara una foto del collar sobre el tablero. Darren hizo exactamente eso y lo que resultó fue sumamente inquietante, por decir lo menos: en la esquina superior izquierda de la imagen era posible ver claramente esqueletos "alados" volando, con exactamente la misma forma extraña de los que tenía el collar. Hacia el centro era posible distinguir caras horribles, al menos 4 caras malvadas en esa imagen.

. . .

Supuestamente, Zozo es un antiguo nombre de demonio que posiblemente significa "El Destructor".

Los reclamos de posesión demoniaca están asociados a este Zozo y además, supuestamente, el demonio perro de 3 cabezas que guarda las puertas del infierno tiene un tatuaje en la frente que deletrea ZOSO.

A quién no invitar a tu fiesta

Akuma tenía un amigo llamado John, quien un día celebró una fiesta de cumpleaños y lo invitó a él, a un amigo llamado Jesse, a otro chico también llamado John y a un último amigo llamado Derek. Todos estaban haciendo las cosas habituales de chicos, ver videojuegos, lucha libre, etc. Casi al final de la velada, su madre tuvo que ir al centro comercial a comprar algunas cosas e instó a los chicos a alquilar algunas películas.

Mientras estaban en la tienda de videos, vieron una tabla de Ouija en la pared. Akuma dijo lo divertido que sería bromear con ella, y los chicos estuvieron de acuerdo, así que la compraron y volvieron a casa de

John. Ninguno de ellos había usado un tablero de Ouija antes de eso, así que pensaron que todo era principalmente una broma.

Esperaron hasta la medianoche y luego sacaron el tablero de la caja. Preguntaron si había personas específicas, pero no obtuvieron respuesta; unas cuantas veces el puntero se movió, pero más tarde descubrieron que había sido Jesse quien lo había movido.

Se hartaron y simplemente dijeron *"que vengan a hablar con nosotros, estamos aburridos"*; la *planchette* instantáneamente se movió sobre las letras y deletreó "Hola". Los chicos pensaron que era Jesse de nuevo, pero el chico juró que no era él. Empezaron a hablar con el espíritu, que al principio no parecía malvado.

De hecho, fue muy amigable. Siendo Akuma el aventurero, dijo a los demás que debían llevar la tabla al sótano porque sería "más aterrador". En ese momento había decoraciones de Halloween ahí abajo, pero ninguna de ellas era relevante… excepto una.

. . .

Continuaron teniendo una conversación regular con el espíritu o lo que fuera, Jesse luego preguntó cuándo iba a morir y la pizarra deletreó "esta-noche". El chico miró a los demás y dijo *"muy divertido, muchachos"*. Todos estaban asustados porque ninguno de ellos movió el puntero.

Le preguntaron al ente su nombre pero éste seguía diciendo "No" una y otra vez. Entonces Jesse dijo *"idiota, dinos tu nombre"*. La *planchette* fue de la H a la A varias veces, y luego, la pizarra deletreaba "izquierda". Una de las decoraciones de Halloween, una cabeza de novia de plástico que estaba atada al techo, se dio la vuelta por completo y miró al grupo directamente. A pesar de que era de plástico, parecía que en realidad los estaban mirando a través de esos ojos.

Todos comenzaron a levantarse lentamente de la cama en el sótano cuando de repente se apagaron las luces. Fue en ese momento que todos corrieron escaleras arriba con el tablero. Al estar arriba, acomodaron el tablero y preguntaron por qué les estaban haciendo eso; la respuesta que obtuvieron fue *"porque están aburridos ja ja"*.

. . .

Le pidieron al ente que se fuera y éste siguió diciendo que no; preguntaron de nuevo cuál era su nombre, hubo una larga pausa. Finalmente, después de unos 3 minutos de espera, Akuma volvió a preguntar. Deletreaba "Zozo".

En ese momento, el nombre no tenía ningún significado para ellos. El aire era pesado a su alrededor y sabían que estaban siendo observados.

Jesse continuó enfrentándose a él, llamándolo por apodos y maldiciéndolo; cada vez que lo hacía, la sensación de pesadez en el aire empeoraba cada vez más.

La *planchette* también se había movido a un "6" cada vez que Jesse le decía algo. Finalmente, Akuma le dijo a Jesse que se callara, a lo que éste respondió *"¿qué? No va a pasar nada"*. Después de que Jesse dijera eso, la televisión se encendió y se estaba reproduciendo una película de terror, o al menos eso fue lo que los chicos asumieron, porque en el momento en que se encendió, estaba al máximo volumen y había una mujer gritando.

. . .

Llamaron al perro de John y subieron con él a su habitación. Le dijeron a Zozo que se fuera porque habían terminado de hablar con él, pero Zozo se negó a irse y la extraña sensación los había seguido escaleras arriba. Cerraron el tablero, lo abrieron de nuevo y pidieron ayuda, dijeron que sabían que habían cometido un error y que necesitaban ayuda para deshacerse de Zozo.

No estaban seguros de quién o qué fue, pero algo llegó a través del tablero llamado "Coza". Le pidieron urgentemente que se deshiciera de Zozo y, efectivamente, unos momentos después la sensación desapareció.

Aliviados, el grupo dio las gracias a Coza y cerraron el tablero correctamente.

Unos años después de que eso sucediera, Akuma comenzó a investigar lo paranormal y los tableros de Ouija, por supuesto, estaban en esa lista. Mientras investigaba los tableros, descubrió que muchas personas habían tenido experiencias horribles con la misma entidad conocida como "Zozo". No hace falta decir que sus amigos y él tuvieron mucha suerte de haber salido tan libres de esa situación. Si nunca has oído hablar de Zozo, es muy fácil encontrarlo en cualquier tipo de motor de búsqueda, simplemente escribe el nombre y aparecerán numerosas historias que lo involucran.

6

Secretos bien guardados

ALGUNOS DICEN que los espíritus lo saben todo. Es cierto que a veces las personas que se aventuran en el mundo de la Ouija se encuentran con espíritus que saben mucho sobre su pasado, o tal vez una o dos cosas sobre su futuro.

Racionalmente, estos casos podrían atribuirse a conjeturas afortunadas, o tal vez sus amigos cercanos estaban tratando de asustarlos arrastrando el pasado. Lo realmente extraño es cuando el espíritu parece saber algo sobre ti, un secreto profundo, oscuro e incalculable, que nunca le has contado a nadie.

Ventana

. . .

Esta historia proviene de Tulsa, Oklahoma. Dave y su esposa, Michelle, decidieron llevarse una vieja tabla Ouija a la casa de sus amigos, Mike y Patricia, para tomar unas cervezas y divertirse. Mike siempre había creído en los espíritus, pero Patricia era escéptica, así que el grupo decidió mostrarle un par de cosas sobre el poder de Ouija... Obtuvieron más de lo que esperaban y, al final de la noche, Dave y Mike se encontraban en una sala de salud mental.

El grupo se acomodó alrededor de una mesa de café en la sala de estar de Mike, con luces tenues y velas encendidas.

Casi tan pronto como sus manos tocaron el puntero, este comenzó a moverse con fuerza alrededor de la tabla, lanzándose sobre el "Hola". Patricia no estaba impresionada.

Nunca tuvieron la oportunidad de aprender demasiado sobre el espíritu con el que se estaban comunicando, porque casi de inmediato comenzó a insultar a Patricia.

Mientras el puntero se movía alrededor de la tabla, maldiciéndola y diciéndole que no le agradaba, Patricia puso los ojos en blanco, pensando que el grupo estaba tratando de hacerla enojar.

Entonces, el espíritu dijo algo interesante. Afirmó que Patricia estaba engañando a Mike con uno de sus ex novios; el interés de todos despertó. *"Pregúntale al espíritu cuál es el nombre de su ex novio"*, dijo Mike abruptamente.

Dave y Michelle únicamente conocían a Patricia a través de Mike, y no tenían idea de quién podría ser este ex, aun así, le preguntaron al espíritu. Su respuesta fue "M-A-T-T-".

La cara de Mike se puso roja de inmediato, pero eso no fue todo lo que el espíritu tuvo que decir. Continuó revelando que Patricia había tenido relaciones sexuales con Matt ese mismo día mientras Mike estaba en el trabajo.

"¿En qué habitación?" dijo Mike con calma, la *planchette* deletreaba "T-U-C-A-M-A". Patricia parecía incómoda, pero negó el mensaje del espíritu.

. . .

Aún así, Mike se levantó de un salto y fue a registrar el dormitorio; regresó un minuto después con un reloj de hombre, diciendo que no era suyo. El puntero se movió: "Q-U-I-E-R-O-A-S-U-S-T-A-R-L-A".

Mike y Patricia comenzaron a discutir y abandonaron el tablero, pero finalmente ella lo convenció de que todo era una mentira y el grupo continuó bebiendo algunas cervezas.

Todo estaba bien hasta que Dave y Michelle decidieron que era hora de un poco más de Ouija a la medianoche. Se pusieron en contacto con el mismo espíritu, que continuaba de humor únicamente para maldecir e insultar a Patricia. Todos pensaron que era suficiente y decidieron terminar la noche e irse a casa. En ese momento, la *planchette* deletreaba "V-E-N-T-A-N-A".

Todos miraron hacia la ventana de la sala, pero no vieron nada, mientras el puntero continuaba deletreando la palabra una y otra vez, con una velocidad cada vez mayor. "VENTANA. VENTANA. VENTANA."

Aburrida, Patricia decidió ir a la cocina a traer una nueva ronda de cervezas. Entonces la oyeron gritar. *"¡Alguien me estaba mirando a través de la ventana!"*, gritó. Dave y Michael salieron corriendo por la puerta principal para ver quién estaba allí.

Efectivamente, una figura alta corría por la calle. Corrieron tras la figura que giraba por un callejón y desaparecía dentro de un edificio. Dave y Michael se detuvieron en seco, encontrándose rodeados por policías y sus coches patrulla, estaban parados fuera de un centro de salud mental. Explicaron rápidamente sobre el hombre que había estado mirando por la ventana de la casa de Mike. Un trabajador del hospital explicó que el hombre se había escapado de las instalaciones de alguna manera una hora antes y que la policía lo había estado buscando.

Mike y Dave esperaron afuera, recuperando el aliento, mientras la policía entraba para hablar con el hombre. Cuando un oficial de policía regresó para contarles lo que estaba pasando, se estaba riendo: *"el tipo definitivamente está perturbado, no quiso responder ninguna de nuestras preguntas. Pero le dijo a la facultad del hospital que el diablo le había hablado. El diablo dijo que podía encontrarlo en tu casa"*. Los oficiales pensaron que esto era muy divertido, pero Mike y Dave sintieron escalofríos después de su velada con la tabla Ouija.

Caminaron a casa para contarle a Michelle y Patricia lo sucedido. Ambas mujeres estaban asustadas y Patricia no estaba feliz.

Tiró la tabla Ouija fuera de la casa y les dijo a Dave y Michelle que no volvieran, aún así, los muchachos decidieron que sería mejor quemar el tablero. Después de rociar el tablero con queroseno por si acaso, Mike le arrojó una cerilla. Pero el tablero no se incendió, en cambio, encendió una llama larga que voló a través del patio y luego explotó en una bola de fuego gigante.

Mike se encontraba en el camino de la explosión y comenzó a gritar, las quemaduras cubrían su cuerpo. Los demás llamaron a una ambulancia y él y Patricia fueron al hospital; resultó con quemaduras de segundo y tercer grado, además el queroseno lo cegó temporalmente. Después de que la ambulancia salió hacia el hospital, Dave recogió la tabla de Ouija que todavía estaba en el patio, la hierba a su alrededor se había quemado, pero la tabla estaba completamente ilesa. Dave la tiró a la basura al lado de la casa.

Al día siguiente, Dave recibió una llamada de Patricia. Ella estaba lívida, acusándolo de poner la tabla Ouija en la cocina donde el mirón la había visto. A ella no le hizo nada de gracia. Dave trató de decirle que la había tirado a la basura, pero ella no le creyó.

Después de esa noche agitada, Mike tuvo que someterse a un tratamiento ambulatorio serio para sus quemaduras.

Dave y Mike siguieron siendo amigos durante aproximadamente un año después de eso. Una noche, Mike le dijo a Dave que Patricia finalmente había admitido que lo estaba engañando: la tabla Ouija tenía todos los hechos directamente, hasta quién era y dónde lo estaban haciendo.

. . .

Patricia pudo haber sido escéptica antes, pero ya no podría serlo. Ella aprendió de la manera difícil: nunca juegues Ouija si tienes un mal secreto que quieres guardar.

P-A-P-Á

Tom, Josh y Chris eran todos amigos. Tuvieron el verano libre durante la escuela secundaria y pasaron la mayor parte del tiempo buscando algún tipo de problema. Tom era el mayor del grupo y siempre encontraba la manera de molestar a Josh, el más joven: siempre estaba golpeando a Josh en el brazo, como una broma, por supuesto, pero Josh se iba a casa con moretones.

Tom también lo intimidaba de otras formas, llamándolo estúpido o retrasado.

A Tom le gustaba ser el mejor y Chris se mantenía fuera de la línea de fuego, quedándose callado. Aun así, cuando Chris y Josh estaban solos, hablaban de lo mucho que les disgustaba la forma en que actuaba Tom, pero no tenían a nadie más con quien pasar el tiempo, así que lo toleraban.

. . .

Un día, los tres niños encontraron una tabla Ouija en la basura de otra persona. Emocionados por el hallazgo, llevaron el tablero a la casa de Tom para jugar, su casa siempre fue el mejor lugar para reunirse, ya que nunca había nadie allí. El chico no tenía hermanos ni hermanas, su padre trabajaba mucho y su madre había fallecido algún tiempo antes.

Los muchachos instalaron la tabla Ouija en la sala vacía.

Pusieron las manos en el puntero y esperaron. Y esperaron. Luego esperaron un poco más…

Teniendo la capacidad de atención de los chicos de secundaria que eran, se aburrieron después de esperar unos 20 minutos, comenzaron a discutir sobre darse por vencidos y fue entonces cuando el puntero comenzó a moverse.

. . .

Deletreaba "V-E-T-E". Tom no estaba impresionado, *"¿irme? ¡Vivo aquí!"*

El puntero se movió haciendo una figura de 8, luego deletreó, "A-H-O-R-A". Chris miró a los demás a su alrededor, diciendo *"eso es raro. Me pregunto qué significa."* Le dio a la tabla una mirada confusa: *"¿a dónde debemos ir?"* El puntero se movió de nuevo: "D-U-E-L-E".

Tom interrumpió diciendo *"esto es estúpido. Ustedes están haciendo esto. Vamos a probarlo. Josh, suéltalo"*. Como de costumbre, Josh obedeció y quitó las manos del puntero.

"Ahora haz una pregunta que solo tú sabrías", dijo Tom con voz mandona. Sin pensarlo un momento, Josh preguntó: *"¿Quién es la persona que me golpea todo el tiempo?"* Tom miró a Josh, pero se distrajo rápidamente porque el puntero ya se estaba moviendo, deletreaba "P-R-E-G-U-N-T-A-A-T-O-M".

"Esto es estúpido", dijo Tom de nuevo. Luego, la *planchette* deletreaba "P-A-P-Á".

. . .

"¿Eh?", dijo Chris, mirando confundido al tablero, *"creo que esta pregunta es para Tom"*. Él y Josh se miraron el uno al otro, sus expresiones perplejas. "P-A-P-Á", volvió a deletrear la *planchette*. Pero Chris y Josh se estaban distrayendo con el comportamiento de Tom: su respiración se había acelerado, estaba sudando y su rostro estaba rojo como una remolacha.

Como insistiendo en que los niños, "P-A-P-Á", se deletreó sobre la tabla de nuevo. En ese momento, Tom se apartó de la tabla y salió corriendo de la habitación. Los otros chicos podían oírlo llorar mientras se alejaba, esto fue sorprendente, ya que ni Josh ni Chris habían visto llorar a Tom antes.

Después de unos días, se enteraron de toda la verdad sobre lo que la tabla Ouija estaba tratando de decirles: el padre de Tom abusaba de él y, en lugar de contárselo a alguien mayor, Tom se desquitaba con Josh. Nadie pudo decir cómo fue que la tabla de Ouija conocía el secreto mejor guardado de Tom.

7

El mismísimo Diablo

La mayoría de las personas que se sientan frente a una tabla Ouija esperan encontrar algún espíritu misterioso pero benigno, o tal vez nada en absoluto. Los usuarios más experimentados, y quizás menos afortunados del tablero de Ouija saben que deben estar atentos a los espíritus maliciosos o posiblemente incluso a un demonio del inframundo. Pero incluso ellos pueden sorprenderse con lo que encuentran, porque pocos soñarían que una simple tabla Ouija podría ponerlos en contacto con la entidad más malvada de todas: el mismísimo Diablo.

20 semanas

. . .

Dylan y Jake fueron a la cabaña familiar de su amigo Mark un fin de semana de otoño. Los tres adolescentes estaban ansiosos por tener el lugar para ellos solos, pero no tenían muchas ideas geniales sobre lo que debían hacer. Finalmente, alguien sugirió que probaran una tabla Ouija, todos estuvieron de acuerdo con entusiasmo.

Los tres chicos pudieron contactar con un espíritu, pero éste no fue muy amigable. Todo lo que quería comunicar era que Jake era malvado y continuaba deletreando "M-U-E-R-T-E" una y otra vez. Los chicos no se divirtieron y movieron el puntero a "Adiós", pero el espíritu tiró del mismo y deletreó: "N-O" "M-U-E-R-A-N".

Los chicos siguieron intentando despedirse del espíritu porque pensaban que era importante terminar la sesión, pero cada vez que lo intentaban, el espíritu volvía a apartar el puntero y les decía que murieran. Continuaron haciéndolo durante media hora, hasta que Dylan tuvo una idea: *"¡Espíritu, muéstrate!"* le dijo a la tabla. Inmediatamente, el puntero se deslizó a "Adiós". En ese momento, la puerta principal de la cabaña comenzó a temblar como loca, luego se detuvo de repente.

Los chicos fueron a cenar sin pensar demasiado en ello. Tal vez fue por curiosidad, pero más tarde esa noche, todos querían volver a probar la tabla. Cuando se sentaron a la mesa, supieron de inmediato que habían encontrado al mismo espíritu. "N-O" y "M-U-E-R-A-N" eran las únicas palabras que le interesaba deletrear.

Mark pensó que sería una buena idea intentar hacer preguntas sobre el futuro: *"¿Tendré hijos?"* preguntó, y el puntero se deslizó a "Sí". *"¿Qué hay de mí?"*, dijo Jake, y el puntero se movió de nuevo, deletreando "A-H-O-R-A". Nadie entendió realmente lo que eso significaba, así que siguieron haciendo preguntas.

Sin embargo, Mark y Dylan se dieron cuenta de que Jake estaba un poco molesto, por lo que decidieron detenerse poco después. Los tres muchachos movieron la *planchette* a "Adiós", pero ésta se apartó bruscamente. "N-O. M-U-E-R-E", deletreaba. Entonces, el puntero comenzó a volar alrededor del tablero, fuera de control; salió del tablero y cayó al suelo, donde quedó inmóvil.

Dylan era el más supersticioso del grupo e insistió en que no podían dejar que la sesión terminara sin despedirse, porque podría liberar al espíritu y permitirle caminar por la tierra. No tuvieron más remedio que seguir hablando con él. Aun así, a todo lo que preguntaban recibían solo una respuesta: "M-U-E-R-E".

"¿Quién es usted?" Mark preguntó finalmente. El puntero comenzó a deletrear "L-U-C-I-F-E-R".

Eso fue demasiado para Jake, quien se asustó y salió corriendo de la cabaña. Los muchachos se rindieron con el tablero y regresaron a casa al día siguiente.

El lunes, Dylan fue a la escuela y vio que Jake no estaba allí, comenzó a preguntar si alguien lo había visto y luego escuchó el rumor de que Jake estaba en el hospital. Lo primero que pensó Dylan fue que algo horrible debía haberle sucedido a Jake, tal vez por el propio

Lucifer. Presa del pánico, Dylan empezó a llamar a Jake una y otra vez.

Después de varios intentos, alguien respondió. *"¿Hola? Habla el padre de Jake"* - *"¡Hola! Es Dylan. Escuché en la escuela que Jake está en el hospital. ¿Qué sucedió? ¿Él está bien?"*

Hubo una breve pausa en el otro extremo antes de que el padre de Jake dijera: *"Jake está bien. En realidad, es su novia Tiffany la que está en el hospital. Tuvo un aborto espontáneo"*.

Dylan se sorprendió: *"¿Un aborto espontáneo? Ni siquiera sabía que estaba embarazada…"* - *"Tiffany no se lo dijo a nadie, así que nosotros tampoco lo sabíamos"*, dijo el padre de Jake, sombrío, *"llevaba unas veinte semanas. Era una niña"*.

De repente, Dylan se dio cuenta exactamente de lo que Lucifer les estaba diciendo a través del tablero Ouija la otra noche. Jake realmente tendría un hijo ahora, pero de la peor manera posible.

. . .

Silencio

Todo comenzó cuando Megan, y su amigo Kody, decidieron que sería divertido hacer algunos amigos muertos a través del tablero de Ouija, después de que Megan recibiera uno de parte de su madre por Navidad.

Los chicos querían utilizar el tablero para preguntar sobre el asesinato sin resolver de Betsy Aardsma en las pilas de Pattee en los años 70, por lo que decidieron llevar la Ouija a la biblioteca para hablar con el infame asesino. Cuando estaban en las estanterías esa noche, hubo un anuncio por el intercomunicador que indicaba el cierre de la biblioteca.

Su plan fracasó, así que llevaron el tablero al siguiente mejor lugar que se les ocurrió: un centro de estudios comunitario siempre en funcionamiento. En el tercer piso, a las tres de la mañana, los chicos encontraron un área tranquila, ideal para lograr reunirse y hablar con los muertos.

. . .

Contactaron a un jugador de fútbol fallecido, que realmente cortejó a ambos, e incluso Megan comenzó a sentir que quería salir con él. A medida que continuaba su historia (habían estado hablando durante media hora), quedó claro que algo no estaba bien. Cuando le preguntaron si estaba mintiendo, dijo que sí.

Continuó moviéndose a través de cada letra del tablero, a lo que los chicos pensaron que el fantasma estaba tratando de ser divertido. Una rápida búsqueda por internet les advirtió que, en realidad, eso significaba que un espíritu maligno estaba tratando de escapar.

Con esos dos hechos, un repentino silencio se apoderó de la habitación. Ambos se asustaron y salieron del lugar de inmediato, Megan incluso vomitó durante el camino de regreso a casa. Con las caras pálidas y los cuerpos vacíos y sin corazón, los dos amigos se quedaron despiertos hasta el amanecer viendo comedias románticas. Era lo único que les quedaba por hacer.

No hace falta decir que tiraron el tablero y trataron de olvidar la situación, a ambos les fue bastante difícil dormir durante al menos una semana. Sin embargo, pasó el tiempo y los chicos volvieron a tener ganas de repetir la experiencia. Esta vez, hicieron un tablero casero y con más amigos.

A continuación se muestran algunas de las reglas para usar el tablero de Ouija que son consideradas las más importantes y relevantes, según la opinión popular en Internet, y que los chicos recopilaron después de su segundo intento. Ellos, antes de jugar por primera vez, no tenían idea de que existía alguna de estas reglas, por lo que cuando vieron que la *planchette* se movía hacia las cuatro esquinas del tablero, en un movimiento en forma de 8, y hacía cada letra del alfabeto, eran completamente inconscientes de que aparentemente estaban hablando con bastante indiferencia con un demonio mismo.

1. No dejes que el puntero pase por todos los números o letras, el espíritu está tratando de liberarse.
2. Dile siempre adiós o la conversación NO habrá terminado.
3. Si el puntero comienza a formar un patrón en forma de ocho, detenlo inmediatamente. Este es un demonio que intenta escapar.
4. Zozo es el rey demonio Ouija. Si se dibuja un patrón en forma de ocho, o simplemente

se deletrea "ZOZO" en la tabla, estás hablando con el espíritu.

5. Y, por supuesto, siempre sé cortés. Esta regla es un consejo que nunca puede hacer daño.

En casa, hablaron con la misma entidad con la que hablaron en el centro de estudios, conociéndola mejor.

Esa noche rompieron la mayoría de las reglas antes mencionadas: primero pareció el ocho, luego, la pizarra buscaba pasar por todas las letras del tablero.

En repetidas ocasiones deletreaba frases como "arrepiéntete", "libérame" y, en ciertas ocasiones, afirmaba que quería el alma del compañero de cuarto de Megan.

Todos pensaron que nada de eso podía ser cierto, e incluso llegaron a vendar los ojos a dos de sus amigos para asegurarse de que nadie moviera la plancha por su cuenta.

Para nuestra sorpresa, el tablero contestaba todo a la perfección, incluidos los detalles específicos de preguntas que los dos nuevos jugadores nunca habían oído ni conocido antes de jugar. Sus temores se intensificaron al día siguiente cuando uno de ellos contó durante el desayuno cómo vio una figura parada en la esquina de su habitación la noche anterior. Los chicos dejaron de jugar para siempre, o al menos eso pensaron.

A medida que avanzaba el verano y el buen clima traía días de descanso, sin temor a lo que pudiera suceder, los chicos decidieron jugar de nuevo. Esta vez contactaron con el mismo espíritu con el que ya habían hablado en alguna otra ocasión, cuyo nombre comenzaba con la letra "G".

Este espíritu les dijo que los estaba siguiendo, e incluso comentó que le gustó escuchar a Megan hablar en la radio (ella había hecho una pasantía en la estación de radio local el verano pasado).

Después de eso, Kody visitó su casa un fin de semana y su madre lo apartó un momento de la cena durante una noche: aparentemente, momentos antes de la cena de ese día, mientras él estaba fuera, la mujer escuchó una voz que le advertía que tuviera cuidado.

. . .

Al regresar, una vez más los chicos se sentaron en círculo y hablaron con G. No sucedió nada agradable, señaló que Megan estaba tomando café: *"No es tu bebida habitual"*. La situación entonces se volvió demasiado real, así que preguntaron respetuosamente si podían despedirse, la respuesta: *"no cambiará nada"*.

Luego, en un momento muy intenso, Megan sintió como si el espíritu estuviera agarrando su brazo mientras la *planchette* volaba hacia el final de la tabla. Recuerda: si el puntero abandona el tablero antes de que logres despedirte, es posible que hayas liberado a un demonio al mundo real.

Megan tuvo que aferrarse a él con todas sus fuerzas para mantenerlo en el tablero, e inmediatamente después de eso, los ojos de Kody se pusieron en blanco; Megan gritó con pavor y corrió a tirar la tabla por la ventana.

Ese recuerdo la perseguiría por bastante tiempo y, probablemente, sería el causante de su parálisis de sueño.

. . .

Poco tiempo después, con Halloween acercándose rápidamente, y con un renovado "propósito periodístico", los amigos decidieron intentar hablar con Betsy nuevamente, una última vez. Se aventuraron de regreso a la biblioteca, con la Ouija casera a cuestas, y tentaron su (no tan buena) suerte.

Las mesas estaban tranquilas como de costumbre, pero aún se agitaban con los estudiantes que se preparaban para los exámenes parciales y se ponían al día con alguna serie olvidada. Los chicos descubrieron el lugar exacto donde ocurrió el asesinato de Betsy y se instalaron en el mismo lugar.

Después de su ritual de apertura habitual, intentaron ponerse en contacto con la difunta. El vaso que utilizaban como puntero se movió lentamente a través del tablero, y fue directo a la despedida. Fuera lo que fuese, no quería hablar con ellos.

Luego lo probaron en casa, la escena del crimen. No hubo respuesta una vez más. Aunque en sus fantasías existían situaciones de levitación, con la cabeza dando vueltas y los ojos girando hacia atrás dentro de sus propios cráneos, la tabla de Ouija tenía algo más reservado para los dos amigos: silencio.

Megan nunca estuvo segura de si se sentía agradecida por ello, o si el silencio era una forma de decir que probablemente ya habían convocado al mismísimo Diablo por medio de la Ouija, así como a todos sus amigos demoníacos, y estaban tan poseídos como la niña del *'Exorcista'*.

Todos mienten

Cuando Kenneth era adolescente, hizo junto con sus amigos su propio tablero Ouija, con restos de pedazos de manera que obtuvieron de un contenedor de basura detrás de un depósito doméstico a principios de los 90. Lo hicieron con un diseño similar a la versión de Parker Bros. Una vez hecho, se lo dieron a un amigo del grupo para guardarlo, ya que aproximadamente 6 personas del grupo participaron en su creación.

Hasta ese momento, Kenneth solo había experimentado el usar la versión de Parker Bros. El tablero no le gustó, ya que el puntero apenas se movía y no le impresionó mucho, pensó que jugar a la Ouija era una pérdida de tiempo. Pero luego, él y sus amigos hicieron el propio y funcionó increíblemente bien.

El *planchette* lo hicieron con la parte superior de un joyero cuadrado de cartón en el que luego cortaron un agujero, pusieron cinta de celofán sobre el agujero y alrededor de todos los bordes. Esperaban que esto ayudara a que se deslizara mejor. La madera en la que lo hicieron era muy rugosa y se podía sentir que el puntero se arrastraba y, a veces, se pegaba en puntos de la madera. Esto realmente les ayudó a demostrarse que no eran ellos quienes lo estaban arrastrando... todos tenían solo la punta de los dedos sobre él y era fácil saber cuándo alguien lo arrastraba un poco, contrario a si se arrastraba solo.

El primer espíritu con el que hablaron parecía analfabeto. Pudieron saber que era una esclava, pero les pareció sumamente difícil comunicarse con ella. A medida que se comunicaron con más espíritus, se dieron cuenta de que se notaba que estaban hablando con alguien/algo diferente en función del poder con el que movía el puntero.

. . .

También notaron que los espíritus parecían tener más poder al comienzo de la conversación moviendo el puntero y siempre parecían tener menos energía a medida que conversaban.

Comenzaron a preguntarle a los espíritus cosas como reglas, querían saber cómo podrían ayudar a que se comunicaran mejor y cosas similares. Las reglas que establecieron fueron interesantes:

- Siempre tener 2 personas en el tablero en todo momento. Su explicación para esto fue que la energía fluye en un círculo alrededor del tablero y a través de él, por lo tanto, tener solo una persona en el tablero era peligroso porque esa energía podría entrar en ti en ese momento.
- No maldecir ni faltar al respeto. Básicamente, ser educado.
- Otro era mantener al tablero elevado del suelo. Su explicación fue que ayudaba a que la energía fluyera mejor a través de él de esa manera.
- Decir siempre hola y adiós.

- Nunca dejar el puntero sobre la tabla cuando no esté en uso.
- No drogarse ni intoxicarse mientras lo usan.
- Ser tan específico como se pueda con el nombre del espíritu o de dónde era si se quería contactar a alguien en especial.

Los chicos entonces agregaron cosas al tablero para ayudar a los espíritus a comunicarse mejor. Agregaron signos de interrogación por si el espíritu se confundía, un hola y un tal vez. Descubrieron que era una mejora porque sin estos, a veces el espíritu no respondería, se detendría un poco o se demoraría alrededor del tablero.

Eventualmente lograron que los espíritus hicieran cosas fuera del tablero, como golpear las paredes, encender las luces, encender una vela, adivinar lo que ellos (las personas usando la tabla) estaban pensando como grupo o individualmente, y también lo que las personas que no estaban tocando el puntero estaban pensando.

También notaron que solo ciertos espíritus tenían la energía para hacer estas cosas. Con los golpes, el primer intento era siempre el mejor y esa era una prueba más de que estos actos eran bastante agotadores para el espíritu. Lo mismo ocurría con las luces y las velas.

Adivinar lo que pensaban las personas que tocaban el planchette era fácil para los espíritus. Sin embargo, leer los pensamientos de la gente que no estaba usando la Ouija requeriría su concentración, pero también eran capaces de hacerlo, lo que Kenneth encontraba asombroso y a la vez perturbador.

Kenneth lo pensaba así porque, por ejemplo, si hacía una pregunta y tenía la respuesta que esperaba escuchar en la mente, entonces el espíritu la escribiría o podría escribirla. ¿Cómo saber que no estaba siendo manipulado? Por tanto, era importante tener la mente clara al pedirle una respuesta.

Poco a poco, los chicos descubrieron que hay buenos y malos espíritus, y les fue difícil distinguirlos. Entonces siempre preguntaban si el espíritu era de la luz al comienzo de cada conversación. A veces terminaban una conversación, luego comenzaban una nueva y se daban cuenta de que era el mismo espíritu. En su tablero, por lo general, se podía sentir la diferencia en la energía en todos los aspectos si se trataba de un espíritu diferente.

Una vez preguntaron cuántos espíritus había alrededor del tablero y la respuesta fue escalando:

0,1,2,3,4,5,6,7,8,9,0… Usaron el tablero por un tiempo, pero eventualmente terminaron sin cosas para preguntar. Para los espíritus que contactaban no era bueno responder sobre el pasado porque en realidad no tenían un concepto del tiempo, y los chicos se negaban a preguntar nada sobre el futuro: el espíritu también podría leer tus pensamientos y, sin conocer sus intenciones, ¿cómo podrían creer todo lo que decían, especialmente después de hablar con algunos espíritus que les mintieron sobre todo?

Kenneth cuenta que tuvieron algunas experiencias muy interesantes, por decir lo mínimo, respecto a los espíritus con los que hablaron. Las más destacadas fueron, por ejemplo, el espíritu que les dijo que se llamaba Ra, había vivido en Marte y quería tomar agua de la tierra; o JFK, Bob Marley, John Candy… la lista continuaba. Pero, como se habían dado cuenta, es fácil que los espíritus mientan y es por eso mismo que es difícil decir con qué o con quién estás hablando realmente.

Un día, Kenneth compartió un momento sumamente perturbador con su amigo Zach mientras usaban la tabla de Ouija.

Había alrededor de 6 o 7 personas más alrededor del tablero cuando esto sucedió, pero Zach era el único que no creía en eso, así que Kenneth decidió demostrarle que era real, porque ambos confiaban fuertemente en el otro.

Zach y Kenneth habían fumado un poco de marihuana antes de comenzar a utilizar la Ouija, lo que no ayudó a las cosas. Aun con la advertencia en mente ("no drogarse ni intoxicarse)", de todos modos, llamaron a un espíritu... Eventualmente, la situación escaló y Zach lo maldijo e hizo todo lo que realmente se suponía que nunca debía hacer.

De repente, Kenneth tuvo un sentimiento increíblemente malo, el peor sentimiento que había experimentado jamás... No lo definía como malvado, solo era un mal presentimiento sumamente intenso, algo que no volvió a experimentar por el resto de su vida.

Las acciones de Zach molestaron terriblemente al espíritu, y la pizarra empezó a deletrear "S-A-T-A-N-S-A-T-A-N-S-A-T-A-N" más y más rápido; aquella fue la única vez que el tablero aceleró así en una conversación.

Kenneth comenzó a despedirse a gritos, instó a Zach a decir adiós también, pero él solo soltó el puntero.

Kenneth le gritó que no lo soltara, así que Zach volvió a poner la mano en el puntero, le dijeron adiós y movieron el puntero a la despedida. Después de eso, Zach creyó.

Las experiencias de la tabla Ouija le demostraron a Kenneth la existencia de un reino espiritual. Creció pensando que un nombre más apropiado sería tablero de brujas que Ouija, creyendo también que es así como solía denominarse hace mucho tiempo. Después de ese momento, los amigos no estaban seguros de qué hacer con el tablero, por lo que le echaron agua bendita y se guardó, pero eventualmente fue cambiado de dueño entre el grupo, hasta que en algún momento, le perdieron la pista.

Escaleras

Una fría tarde de domingo de marzo, Gabriela y un par de amigos más estaban sentados en la sala de estar de su amigo Marc.

Estuvieron hablando y las cosas llegaron al punto en que todos comenzaron a volverse locos con historias de fantasmas, espectros, misterios y todo lo sobrenatural. Fue entonces que decidieron que iban a jugar con la tabla Ouija de Marc.

Fue así que todos se sentaron en el suelo, formando un círculo alrededor del tablero. Todos tenían las manos sobre el vaso que estaban usando como puntero para evitar cualquier sospecha de que cualquiera en el grupo estuviese moviendo el vaso para burlarse de los demás.

. . .

Gabriela comenzó el juego preguntando *"¿hay alguien aquí con nosotros en la casa?"*. No pasó nada. Preguntó un par de veces más antes de que el vaso se deslizara por el tablero, hasta la palabra "hola". A este punto, los amigos ya estaban asustados pero decidieron continuar de todos modos.

Marc preguntó *"¿cuál es tu nombre?"*, no obtuvo respuesta. Así que Gabriela le dijo a Marc que hiciera una pregunta diferente; Marc preguntó *"¿estás muerto?"* y el cursor se movió a sí. Su amiga Sarah preguntó después: *"¿quieres hacernos daño?"* y la entidad movió el puntero a "no".

Pero, sin tener más preguntas a las que responder, el vaso se deslizó por el tablero para deletrear R-I-C-H-A-R-D.

Para todos los amigos este nombre no tenía sentido porque ninguno de ellos se llamaba Richard. Todos iban a preguntar si ese era el nombre del espíritu, pero Marc dijo *"chicos, creo que deberíamos dejar de jugar ahora"*.

El vaso entonces pasó a "no", todos estaban aterrorizados.

Gabriela le preguntó a Marc por qué quería dejar de jugar, a lo que él respondió que Richard era el nombre de su abuelo. Marc siempre vivió con su abuelo, quien en ese momento se encontraba visitando a la tía de Marc. El chico siempre se preocupó por él porque estaba muy enfermo, así que todos decidieron investigar un poco más para ver qué tenía que decir sobre el abuelo de Marc.

Entonces, otro amigo llamado Samuel dijo: *"¿quieres lastimar a Richard?"* y el vaso se movió a "sí". Luego preguntó *"¿por qué?"* y el vaso deletreaba "E-S-C-A-L-E-R-A-S". Ninguno entendió el mensaje e intentaron hablar con la presencia un poco más, sin embargo, a partir de ese momento dejó de comunicarse. Así que todos se encogieron de hombros, a pesar de que continuaban muy asustados.

Todos volvieron a casa y Marc estaba bastante asustado, así que regresó a Gabriela a casa y terminó quedándose con ella también. Hasta ese momento todo era normal. Pasó una semana y todos se habían olvidado de esa pequeña experiencia.

. . .

Hasta que una tarde, Marc les llamó para decirles que su abuelo estaba en el hospital, se había caído por la escalera que bajaba al sótano y estaba en muy malas condiciones. Gabriela corrió al hospital. Cuando llegó allí, Marc le explicó lo que le dijo su abuelo cuando estaba despierto, algo que le heló los huesos a Gabriela:

El abuelo Richard bajó al sótano al principio porque seguía escuchando ruidos fuertes y algo que sonaba como una voz que venía de abajo. Pero cuando puso el pie sobre el primer escalón, sintió las manos de alguien empujando su espalda, eso fue lo que lo hizo caer por las escaleras. Fue empujado.

Y debido a una aventura con la Ouija, Richard nunca pudo volver a usar sus piernas. Marc tiró el tablero ese mismo día, pero no había mucho que hacer para reponer el daño.

8

Posibles posesiones

CONECTARSE con un espíritu puede ser complicado. Si fuera tan simple como hablar con alguien, entonces no habría necesidad de médiums para atraerlo, pero la pregunta aterradora es: ¿qué significa realmente conectarse con un espíritu? ¿Es tan simple como encontrar una manera de hablar el idioma de los muertos? Algunos dicen que la conexión es mucho más fuerte que eso. El espíritu debe ver tu alma. A veces, es posible que simplemente se apoderen de ella.

Todo lo que vi fue negro

Josh siempre había estado interesado en lo paranormal, razón por la cual las tablas Ouija lo asustaban, pensaba que era mejor ser cauteloso con los espíritus, y adoptó el enfoque de "nunca toques una tabla Ouija, no son más que problemas". Eso fue hasta que Heather, su hermana de 13 años, le rogó que jugara.

Tres de sus amigas, Jana, Chloe y Shannon, fueron a su casa a una fiesta de pijamas e insistieron en que las cuatro no estaban generando suficiente energía para atraer a los espíritus. Josh estuvo de acuerdo, aunque de mala gana, y pasó una hora investigando formas de protegerse contra los malos espíritus en línea antes de comenzar.

Josh pidió a las niñas que trajeran velas de té blanco y las colocaran alrededor de toda la habitación. El tablero estaba hecho de forma rudimentaria, nada más que un trozo de papel con letras y números escritos en él. Los cinco se reunieron alrededor del tablero y Josh notó que sus posiciones tenían la forma de un pentagrama; como católico, esto le molestó, pero se encogió de hombros, sin saber qué diferencia haría realmente.

Se las arreglaron para hacer algunos contactos, pero no sucedió nada particularmente interesante. Entonces, un espíritu comenzó a hablar bastante, antes de interrumpir abruptamente la comunicación.

El puntero dejó de moverse y, sin importar las preguntas que hicieran, no cambiaba de posición.

Decidieron decir "adiós" y volver a intentarlo, en ese momento, el puntero se movió bruscamente hacia el borde del tablero. Chloe gritó y apartó las manos, entonces, de repente, el puntero se inclinó hacia un lado. Josh rápidamente tomó el control de la *planchette*, la movió a "adiós" y luego dio la vuelta a la tabla.

Josh miró a Heather y vio que tenía una expresión de asombro. Tal vez solo estaba asustada, pero estaba mirando directamente a los ojos de Josh: sin parpadear, sin movimiento. Chloe decidió empujar a Heather, pero ella no se movió: *"¿estás bien?"* preguntó Josh, *"detente ahora, esto no es gracioso"*. Aun así, Heather no respondió.

Después de sentarse en silencio por un poco más de tiempo, Heather de repente jadeó profundamente mientras sus manos volaban a su garganta. Sus manos se tensaron. De alguna manera, estaba tratando de estrangularse.

Todos se sorprendieron y no sabían qué hacer, pero después de unos cinco segundos, Heather se soltó, se calmó, su respiración se hizo más lenta y luego dijo: *"¿Qué pasó?"*

"Oh, como si no lo supieras", dijo Josh, seguro de que ella estaba jugando y tratando de asustarlos - *"No, en serio no tengo ni idea. ¿Qué diablos pasó? Todo lo que vi fue negro"*, dijo Heather. Esto realmente asustó a Josh, pero sabía qué hacer: sacó a todas las chicas afuera, rompieron el papel y luego lo quemaron. Una vez que el tablero desapareció por completo, Heather les dijo a los demás que tenía una sensación de alivio, *"es como si me hubieran quitado un peso de encima"*.

Regresaron al interior y Heather le reveló a Josh que, en realidad, esta no era la primera experiencia extraña que había tenido con una tabla Ouija. Cuando Jana se quedó a dormir la última vez, ella y su madre comenzaron a ver fantasmas en su casa después de que las niñas jugaran.

. . .

De repente, Jana miró hacia el dormitorio de Heather, y dijo: *"puedo ver a un hombre sin camisa y cabello castaño. Simplemente entró en tu habitación"*. Todos decidieron que era suficiente Ouija para ese día. Para Josh, una cosa era segura: nunca volvería a tocar una tabla Ouija.

Trompeta de ángel

Alexandra, de dieciséis años, y su hermano, Sergio, estaban visitando a su familia en México durante el verano de 2014. Se encontraron con su primo, Fernando, y decidieron jugar con una tabla Ouija para intentar contactar con los espíritus de los padres de los hermanos, que habían fallecido cuando los niños aún eran muy pequeños.

En una comunidad donde el chamanismo se practica más comúnmente de lo que muchos piensan, sus guardianes les dijeron a los huérfanos que tomaran Brugmansia, una planta venenosa que los lugareños llaman Trompeta de ángel, ya que ésta los acercaría al mundo espiritual. Los tres tomaron la droga juntos.

. . .

Nadie pudo decir con quién o qué lograron contactar ese día, porque después de unos minutos de juego, todos parecían poseídos. Alexandra fue la más afectada, comenzó a gruñir y a agitarse, como si estuviera en un trance inquebrantable. Sergio y Fernando empezaron a tener alucinaciones, es decir, eso hasta que empezaron a perder la vista y el oído en cuestión de minutos. Entonces, los tres niños empezaron a intentar hacerse daño.

"Intentamos orar por ellos y hacer que también oraran, pero eso solo enfureció más a los demonios que se habían apoderado de ellos", dijo María Camaño, la guardiana de los niños, *"pensé que iban a perder la cabeza. Hay mucho chamanismo en las colinas donde vivimos y me aterroricé cuando vi lo que les había hecho la Ouija"*.

María pidió a un sacerdote católico que realizara un exorcismo, pero como no eran feligreses habituales en la ciudad, el sacerdote se negó, así que no tuvo más remedio que llevar a los tres al hospital. María llamó a los paramédicos, quienes tuvieron que sujetar a Alexandra para evitar que se lastimara a sí misma o a los demás. Sorprendentemente, todo fue captado por una cámara.

. . .

Alexandra hablaba en lenguas, con una voz que nadie podía reconocer. *"Me voy a morir"*, decía la muchacha en la ambulancia, riendo. *"¿De qué te estás riendo?"*, respondió el paramédico, *"¿por qué vas a morir? Tienes que mejorar, tu familia te está esperando"*. *"Morirán"*, dijo.

Se cuenta que los chicos tenían movimientos involuntarios y era difícil trasladarlos al hospital más cercano porque eran muy erráticos, parecía como si estuvieran en un estado de trance.

Hablaron de sensación de entumecimiento, visión doble, ceguera, sordera, alucinaciones, espasmos musculares y dificultad para tragar.

Nadie en el hospital sabía qué les pasaba desde el punto de vista médico, por lo que los médicos les dieron medicamentos anti estrés, analgésicos y algunas gotas para los ojos. Lentamente, Alexandra se calmó y los chicos recuperaron sus sentidos.

Lo que les pasó a los niños esa noche con la tabla Ouija, puede que nunca lo sepamos: Alexandra, Sergio y Fernando no lo recuerdan. Pero María y el resto de la familia están convencidos de que estaban poseídos. Peor aún, creen que es posible que los espíritus malignos permanezcan, ¿quién puede decirlo?

La Ouija me hizo hacerlo

Carol tenía 53 años cuando fue arrestada en el condado de Lincoln, horas después de la muerte de su yerno, Brian, de 34 años.

La mujer fue acusada de asesinato en primer grado, sin embargo, ella estaba completamente convencida de que una tabla de Ouija le dijo que lo hiciera.

Carol, su hija Tammy y las dos hijas pequeñas de Tammy (de 15 y 10 años), estaban jugando con una tabla Ouija mientras Brian dormía. Aunque no se sabe exactamente qué fue lo que sucedió durante la sesión, la situación rápidamente se salió de control.

. . .

La familia recibió un mensaje en el tablero, supuestamente de Dios, quien les aseguraba que Brian y su hija más pequeña eran malvados, agregando también que Brian era el diablo en persona y que debía ser eliminado urgentemente. De inmediato Carol, poseída, tomó acción y atacó a Brian, apuñalándolo en el pecho.

Carol también intentó lastimar a la segunda hija de Tammy, pero la mujer le quitó el cuchillo de las manos y lo escondió dentro de la casa. Inmediatamente, Tammy (posiblemente poseída también) salió con Carol y sus hijas, todas subieron al auto de la familia y Carol condujo durante un tiempo hasta que, finalmente, estrelló el automóvil contra una señal de tráfico en un intento de matarlas a todas.

Carol sufrió dos tobillos rotos en el accidente, las demás resultaron levemente heridas. Después de salir del automóvil, la mujer intentó sin éxito empujar a la hija de 15 años al tráfico. Acorralada, y a pesar de sus heridas, Carol salió corriendo de la escena, se quitó toda la ropa, saltó la barrera de la carretera y corrió hacia un área boscosa al norte de la carretera.

La policía la encontró escondida en el bosque y la llevaron al Centro de Ciencias de la Salud de la

Universidad de Oklahoma para recibir tratamiento. La familia dio constancia de que la mujer no tenía antecedentes de enfermedades mentales o cualquier otro tipo de comportamiento extraño, tampoco se encontraron señales de consumo de alcohol o drogas dentro de su cuerpo, mucho menos antecedentes de conflictos domésticos dentro de la familia.

Aunque inicialmente se consideró un episodio de violencia doméstica, la policía se enteró de detalles que sugerían algo más: Carol continuaba diciendo que Brian era el Diablo, y que debía morir. Se sabe que Brian pidió ayuda, pero se le dejó solo muriendo desangrado.

La hija de Carol, Tammy, fue arrestada al día siguiente, acusada de ser cómplice de asesinato: escondió el cuchillo, suministró el vehículo de huida y no intentó alejarse de Carol cuando tuvo la oportunidad. Por su parte, Carol fue declarada demente, e internada en un hospital psiquiátrico.

Así fue como la Ouija consumió la vida de Carol y de prácticamente toda su familia.

9

Liberando a los demonios

La mayoría de las personas que prueban el jugar a la Ouija buscan un encuentro emocionante con un espíritu muerto hace mucho tiempo, o simplemente un poco de diversión y juegos con sus amigos. Pocos se dan cuenta de que pueden estar invocando algo que no es humano y que nunca lo fue.

Los religiosos del mundo han advertido una y otra vez que los demonios usan la tabla Ouija como puerta de entrada a tu alma. Si los sujetos de estas historias no lo creían antes, ciertamente lo hacen ahora.

La curiosidad puede matarte

. . .

Sam consiguió su primera tabla Ouija cuando tenía trece años, estaba fascinado con la idea de poder comunicarse con los espíritus. Quizás había algo especial en Sam, porque pudo usar el tablero Ouija solo.

En su primera vez, se puso en contacto con un fantasma llamado Daniel. Era muy amable y era fácil hablar con él, Sam charlaba con Daniel durante horas. El fantasma le contó que había muerto hacía mucho tiempo y le dijo a Sam que tenía un hermano llamado Charles, pero Charles no era como él. Daniel dijo que su hermano era malo y que le gustaba meterse en problemas, también le informó que se encontraba cerca.

Sam hablaba con Daniel todos los días después de la escuela. Ponerse en contacto con él fue muy fácil, simplemente tenía que poner sus dedos en el puntero e instantáneamente Daniel estaba allí. Pero después de cada sesión, Sam se sentía completamente exhausto. No se dio cuenta en ese momento, pero su energía estaba siendo absorbida por el tablero de Ouija.

. . .

Un día, Sam llegó a casa y sacó su tabla de Ouija. *"¿Está Daniel allí?"*, preguntó. "No", fue la respuesta.

Sam estaba desconcertado por esto: Daniel siempre estaba allí… entonces, de repente, se dio cuenta. *"¿Es Charles quien me está hablando?"* El puntero se movió a "Sí".

Sam decidió hablar un poco con Charles, pero procedió con precaución. A medida que se comunicaba más con él, se dio cuenta de que Charles no era tan malo como Daniel lo había hecho parecer. Quizás tenía un lado bueno, pensó Sam. Al poco tiempo, Sam y Charles habían desarrollado una profunda amistad, y ahora él pasaba más tiempo hablando con Charles que con Daniel.

Siempre curioso sobre las formas de comunicarse con los espíritus, un día Sam tuvo una idea. Si fue tan fácil comunicarse con los espíritus mediante la Ouija, ¿qué tanto lo sería escribiendo? El chico no lo sabía en ese momento, pero este método se llamaba "escritura automática".

. . .

Sam tomó un papel y un bolígrafo, levantó la mano e intentó llamar a los espíritus. Después de solo unos pocos segundos, su mano comenzó a moverse por sí sola, los espíritus podían escribir a través de él. Con esta nueva habilidad, Sam se sintió más cerca de los espíritus que nunca.

Cada vez pasaba más tiempo comunicándose a través de la escritura automática, era mucho más fácil que una tabla de Ouija, pero a medida que su conexión con los espíritus se fortaleció, sus mensajes se volvieron más siniestros. Tanto Daniel como Charles pasaron mucho más tiempo hablando de la muerte, la conversación a menudo giraba en torno a la idea de la muerte de Sam.

Sam finalmente comenzaba a sentirse asustado, pero también sentía curiosidad por la energía que estaba siendo drenada de él cada vez que contactaba con los espíritus. ¿Qué más se estaba transfiriendo a través de esta conexión, qué le robaban además de energía? Una vez, cuando estaba enojado porque Charles seguía hablando de la muerte, Sam decidió pensar con fuerza en una palabra al azar mientras el espíritu escribía. Sorprendentemente, esa fue la palabra que escribió Charles.

. . .

Sam pensó que era gracioso que pudiera ejercer cierto control sobre un espíritu como ese, pero también significaba que los espíritus tenían acceso a sus pensamientos internos cuando estaban conectados. Aun así, Sam siguió tratando de despistarlos con este tipo de pensamiento, pero solo los hizo enojar.

Cada vez más frecuentemente, los espíritus le decían a Sam que debería suicidarse. Sam no pudo evitar seguir explorando su rara conexión espiritual, pero finalmente, se cansó de los espíritus que constantemente intentaban convencerlo de que se quitara la vida. Tomó una decisión, sacó su tabla Ouija afuera, la rompió y la tiró, prometiendo no volver a intentar la escritura automática nunca más. Y así, los espíritus se callaron.

A la temprana edad de trece años, Sam aprendió una valiosa lección sobre cómo ponerse en contacto con el más allá. Alguien puede hacerse tu amigo y ganarse tu confianza, pero si te roba la fuerza y trata de influenciarte, entonces debe ser malvado en el fondo. No todos los espíritus son espíritus, algunos son algo más siniestro.

. . .

La lección más importante de todas: demasiada curiosidad podría matarte.

Portal

Una noche en la universidad, John invitó a cuatro amigos, Liam, Chris, Jack y Paul, a su apartamento.

La agenda habitual era beber y meterse en líos, pero esta vez decidieron cambiar las cosas y mejor tener una sesión de espiritismo. Aproximadamente a las 10:30 pm, el grupo decidió que John sería el médium, ya que él era el anfitrión de la fiesta.

John sacó una tabla Ouija e improvisaron con un gran vaso de whisky como *planchette*. Manteniéndose fieles a lo que pensaban que debería ser una sesión de espiritismo, apagaron las luces y encendieron velas alrededor de la sala de estar. Liam se sorprendió al ver lo serios que eran sus cuatro amigos tontos sobre la sesión.

. . .

Todos se reunieron alrededor del tablero, por primera vez completamente serios. John le dijo al vaso de whisky: *"si hay algún espíritu o presencia en este apartamento, mueva el vaso"*.

Todos se sorprendieron al ver que el cristal se movía de inmediato, se miraron el uno al otro antes de regresar al tablero.

"¿Podrías deletrearnos tu nombre, por favor?" preguntó John. El vaso se movió. "P-O-R-S-U-P-U-E-S-T-O." *"¿Cuál es su nombre?"* "A-N-S-I-E-S-O", deletreaba.

"¿Ansieso?", dijo Liam, *"¿qué tipo de nombre es ese?"* - *"¿No es obvio?"*, dijo Paul, *"es un anagrama de 'asesino'"*. Los chicos se lanzaron miradas más nerviosas. *"¿Debemos continuar?"*, preguntó Jack. *"Quizás…"*, dijo Chris.

Siguió una discusión, y los chicos determinaron exactamente cómo debían lidiar con el espíritu. Siempre que siguieran el procedimiento correcto y terminaran la sesión con una oración, probablemente estarían bien.

. . .

Leyeron en Internet que si el espíritu mencionaba un portal, debían cerrar la sesión de inmediato, ya que los portales eran la forma en que los demonios ingresaban al mundo humano.

Todos acordaron proceder con cautela y no provocar el espíritu. Regresaron al tablero. *"Si Ansieso todavía está aquí, ¿podría hacer una señal?"* preguntó John. *"¡AY!"* gritó Chris.

"¿Qué es?" dijo Jack. Chris tenía la mano en su mejilla derecha: *"simplemente sentí que alguien me golpeaba"*. El miedo y los presentimientos nerviosos se extendieron por toda la habitación.

"¿Por qué le pegaste a Chris?" preguntó John. "N-O-M-E-G-U-S-T-A-É-L", *"¿Por qué?"*, “E-S-U-N-I-D-I-O-T-A”, respondió el espíritu. Chris se rió, quizás fue una broma. *"¿Eres un fantasma?"*, preguntó John. El vaso se movió a "No." *"¿Entonces, qué eres?"* El vaso se movió: “E-L-P-E-N-U-M-B-R-A”.

. . .

De repente, la habitación se puso helada. Los chicos no necesitaban preguntarse qué podría significar 'El Penumbra', todos lo sabían. Demonio. "*Ansieso, ¿eres un demonio?*" preguntó John. El vaso se movió a "Sí", luego, "A-H-O-R-A-M-U-E-R-E". De alguna manera, la habitación logró enfriarse aún más.

"*Oh, Dios mío*", dijo Paul. Los demás miraron hacia arriba para ver sangre saliendo de la boca de John. Los cinco rostros de los jóvenes se llenaron de miedo. Concentrados en el rostro de John, les tomó un tiempo notar el vidrio y sus manos, que volaban alrededor del tablero. "PORTAL-PORTAL-PORTAL-PORTAL-PORTAL-PORTAL." Sus temores se confirmaron: el demonio estaba tratando de entrar en su mundo.

Los cinco muchachos lucharon para empujar el cristal a "Adiós", el demonio los resistió, pero lo lograron.

Cuando soltaron el vaso, éste cayó al suelo. El grupo recitó un "Padre Nuestro" y terminó la oración diciendo "*En el nombre de Jesús, Amén*".

Todos se apresuraron a encender las luces y apagar las velas, John les trajo a todos un poco de cerveza y trataron de bromear sobre el encuentro. Aun así, nadie sintió que debían dejar a John solo esa noche, así que Liam, Chris, Jack y Paul decidieron quedarse a dormir. Consiguieron beber hasta dormirse esa noche.

Liam tuvo una terrible pesadilla. Se encontraba en una habitación grande, en medio de un círculo de luz, no podía ver dónde estaba porque la habitación estaba llena de una niebla oscura y humeante. Podía escuchar susurros agudos en las sombras. Lentamente, los susurros se hicieron más fuertes, se convirtieron en voces. Liam finalmente pudo entender lo que estaban diciendo: *"Te vamos a atrapar..."* una y otra vez. Entonces, las voces se convirtieron en gritos: *"VAMOS A CONSEGUIRTE… VAMOS A CONSEGUIRTE…"*

De repente, cientos de brazos comenzaron a aparecer a través de la niebla, Liam estaba paralizado, incapaz de moverse.

Eran un tipo de cadáveres, con garras en sus manos. Liam no podía ver a quién pertenecían los brazos, pero sabía que los cadáveres eran la encarnación de Ansieso. La niebla gris comenzó a deslizarse en el círculo de luz de Liam y con ella, llegaron los brazos muertos. Liam no tenía forma de escapar de la pesadilla, trató de gritar, pero el sonido solo se escuchó como una tos silenciosa. La niebla lo rodeaba, los brazos lo agarraban.

De repente, Liam se despertó y se encontró de nuevo en el apartamento de John. Otros cuatro rostros de aspecto asustado miraban alrededor de la habitación. Cuando Liam habló con Chris, John, Jack y Paul sobre su pesadilla, descubrieron que los cinco habían tenido exactamente el mismo sueño.

N-O-M-I-O-D-E

Un martes por la noche, Amber estaba viendo la televisión en la sala de estar de su madre, Daniel, su hermano de cinco años, se estaba quedando dormido en su regazo. De repente sonó el timbre. Amber empujó suavemente a Daniel y fue a abrir la puerta.

Para su sorpresa, era su mejor amiga, Dee: "*¡Mira mi nuevo juego de mesa!*" dijo Dee, sosteniendo una tabla Ouija; "*¡genial, vamos a jugar!*" dijo Amber, dándole la bienvenida.

. . .

Colocaron el tablero en la sala de estar y encendieron velas. Sus dedos apenas habían tocado el puntero cuando se movió para deletrear "H-O-L-A". *"Eso es extraño"*, dijo Dee, *"por lo general, se tarda un poco en responder"*. *"Espeluznante"*, dijo Amber. *"¿Cuántas personas hay en este edificio en este momento?"* preguntó a la junta. La plancheta se movió a "6". *"Eso no puede ser correcto"*, dijo Dee, *"solo somos yo, tú, Daniel, tu mamá y el espíritu aquí"*.

Las chicas se miraron fijamente, en ese momento, la mamá de Amber entró en la habitación y saludó a las niñas. Cuando vio el tablero, su expresión cambió. *"¿QUÉ ESTÁS HACIENDO JUGANDO CON ESO?"*, gritó. *"No es mío, es de Dee-"* - *"¡No juegues, es peligroso!"* dijo su mamá, y luego caminó hacia la cocina. Amber y Dee se miraron y ambas se encogieron de hombros.

"¿Cuál es tu nombre?" Dee preguntó al espíritu. "N-O-M-I-O-D-E", deletreaba el espíritu. La cara de Amber se puso blanca: *"eso deletrea 'demonio' si lo descifras."*

. . .

Las chicas seguían tratando de comunicarse con el espíritu, pero ahora no recibían nada más que insultos y amenazas.

"USTEDES VAN A MORIR", deletreaba. Ambas chicas gritaron, despertando a Daniel, que aún dormía en el sofá. Él también gritó, así que Amber corrió hacia él: *"el hombre malo trató de matarte en mi sueño, Ambey"*, dijo. Los escalofríos recorrieron la columna vertebral de Amber.

"No te preocupes, estoy bien", dijo.

Amber llevó a David al tablero y lo sentó. Quería hacer una pregunta: *"¿dónde estás ahora, fantasma?"*, el puntero se movió: "EN LA COCINA CON TU MADRE". Los tres se levantaron de un salto y corrieron a la cocina, donde la mamá de Amber se encontraba fumando.

"¿Qué están haciendo, niños?" - *"¡Mamá, el demonio te va a matar!"* La madre sacudió la cabeza y dijo *"no te preocupes, eso no sucederá"*.

. . .

En ese momento, Amber sintió que algo agarraba su cabello y tiraba de él, se sintió arrastrada a través de la habitación, incapaz de detener el dolor punzante en el cuero cabelludo. Dee también parecía que estaba siendo arrastrada por el cabello. La mamá de Amber no podía creer lo que veía, agarró a Daniel, cogió unas mantas y sacó a las niñas de la casa.

Todos corrieron a la casa del tío Toby y la familia pasó la noche allí. A la mañana siguiente, el tío Toby fue a ver la otra casa, y lo que encontró le sorprendió horriblemente: la casa estaba completamente destrozada, todo lo que tenía valor estaba roto, pero no faltaba nada, nadie había entrado. Sabiendo qué hacer, Toby tomó la tabla Ouija y la quemó. La familia regresó a la casa y recogió los pedazos.

Las cosas parecieron normales por un tiempo, pero Amber comenzó a notar que las cosas no iban del todo bien. Daniel comenzó a ver sombras alrededor de la casa y comenzó a hablar sobre un nuevo amigo imaginario que tenía. Dijo que el amigo imaginario lo estaba lastimando. A veces, Amber podía sentir que alguien la tocaba por la noche.

. . .

Un demonio puede hacer mucho daño a una casa después de una noche con una tabla Ouija. Se vuelve mucho peor cuando la siniestra criatura decide quedarse.

Gordon

Cuando Anne era una adolescente, ella y su mejor amigo pasaron un verano "curioseando" la tabla Ouija. La mayoría de las veces solo hacían preguntas tontas o mundanas, y la mayoría recibían respuestas que parecían encajar. Nunca hubo un espíritu o entidad específica asociada con sus exploraciones de la tabla Ouija y nunca se sintieron amenazados de ninguna manera.

Hasta el momento en que todo cambió. Un día, una personalidad específica comenzó a comunicarse con ellos, era un ente masculino y contundente. Les decía que hicieran cosas, cosas inofensivas como quitar un cartel de alguna pared o acciones similares, pero aun así, a los amigos les parecía extraño.

Poco después, Anne se atrevió a preguntarle su nombre.

. . .

El puntero comenzó a moverse "G-O-R-D-O-N". Le preguntó dónde había vivido antes de convertirse en espíritu, y el tablero dio una dirección ubicada en un pequeño pueblo cercano. Ni Anne ni su amigo habían ido antes a esa ciudad, así que no tenían idea de si era real o no. Pero lo que sí tenían era un mapa para poder buscarlo. Comprobar si era real.

La chica, que todavía era demasiado joven para conducir, le pidió a su hermana que la llevara al pueblo, solo para comprobar la dirección. El amigo de Anne estaba asustado y no quería ir, así que ella y su hermana se aventuraron solas a esta dirección, una casa de aspecto ordinario en un callejón sin salida arbolado.

No había nadie alrededor, así que llamaron a la puerta. Sin respuesta. Anne estaba dispuesta a rendirse, así que llamaron a la puerta del vecino de al lado. Responde un hombre que parece que tiene entre 50 y 60 años. El hombre se veía demasiado joven para ser "mayor" a los ojos de la chica, pero era mayor que sus padres o los padres de sus amigos de la escuela.

. . .

Las chicas le preguntaron si sabía si un "Gordon" vivió alguna vez en la casa de al lado.

El hombre pensó por un minuto, dirigió su mirada a lo lejos y procedió a decir que sí, alguien llamado Gordon solía vivir allí, pero desapareció hace unos 15 años y nadie supo por qué o qué había sido de él. No podía decir nada más, solo dijo que no recordaba nada de Gordon, aparte de que vivía allí y luego no lo hizo.

¡Anne no podía esperar a llegar a casa y decirle a su amigo! ¡No podía esperar para sacar la tabla Ouija y descubrir más! Cuando lo hicieron, Gordon respondió de inmediato. Su comportamiento era más agresivo que nunca, insistiendo en que los chicos debían hacer esto y aquello, dibujaran esto, reunieran aquello otro. Se sentía una atmósfera espeluznante, a pesar de que nada de lo que Gordon solicitaba era hiriente o inapropiado, simplemente se sentía mal.

Anne le preguntó por qué quería que hicieran estas cosas, y se volvió más insistente, más nervioso, daba la sensación de ser más peligroso. Los chicos dijeron que no, *"no lo vamos a hacer, ¿por qué lo quieres tanto?"*

. . .

Él entendió que habían trazado una línea que no estaban dispuestos a cruzar, así que reveló sus verdaderas intenciones: les dijo que si habían hecho exactamente lo que había pedido, él podría conseguir que "intercambiaran lugares" con él, ¡¡y que eso era lo que le había pasado hace muchos años!! Y luego, comenzó a deletrearse una risa demoniaca que se repetía una y otra vez en la pizarra.

Esta declaración los asustó a los dos, y esa fue la última vez que tocaron una tabla Ouija.

Errores

Selene y otros dos amigos suyos decidieron una vez jugar con un tablero de Ouija. La primera vez que jugaron con él, el espíritu que los contactó afirmó ser la tía abuela de Selene (a quien nunca conoció, pero de quien le contaron que supuestamente mató a 3 de sus 4 maridos). La mujer tuvo un mal presentimiento al respecto y dejó de jugar, por lo que el espíritu dijo que en realidad era amigo de su padre.

. . .

Esto captó la atención de Selene, quien, después de haber estado hablando con él durante horas, finalmente lo engañó para que respondiera mal a una pregunta.

Aparentemente, esto fue una mala idea porque el ente se volvió loco y comenzó a maldecir a todos los presentes.

Ella y sus amigos guardaron la tabla, pero luego comenzaron a oler algo quemado, un olor que solo se podía identificar en la habitación en la que jugaron con el tablero.

Decidieron tirar la Ouija y el olor se fue, pero fuese lo que fuese, este no dejó sola a Selene durante años. El espíritu desaparecía, a veces durante meses, pero eventualmente regresaba. Después de mudarse 3 veces, después de mucha oración y de que los misioneros bendijeran su casa, así como después de contactar a un demonólogo y seguir sus consejos para deshacerse de esta presencia en su casa, parecía que el espíritu se había retirado.

. . .

Fueron años de terror para ella y su familia. La situación llegó a un punto en el que su esposo y ella estaban seguros de que lo habían visto, y algo asustaba constantemente a su hijo mayor, algo que solía susurrar su nombre en su oído. Al pequeño le aterrorizaba ir solo a los dormitorios traseros, y de hecho, Selene hacía que sus hijos durmieran juntos con una Biblia entre ellos.

Una noche, la mujer despertó y vio lo que parecía un hombre extremadamente pequeño con ropa militar muy vieja. No parecía un enano, sino que parecía un hombre muy normal pero de alrededor de metro y medio de alto, y gris. El hombre simplemente la miró y después de que parpadeó, se retiró.

Selene nunca estuvo segura de que su esposo realmente le creyera hasta que realmente lo vio, y estaba absolutamente aterrorizado. Ambos se encontraban en cama, Selene lo había estado escuchando al ente por un tiempo. Ella se sentía tan paranoica que hacía que su esposo durmiera en la habitación con sus hijos y ella dormía en la sala de estar para que uno de ellos estuviera en cada extremo de la casa.

. . .

Bueno, Selene estaba acostumbrada a ver al espíritu caminar arriba y debajo de los pasillos, echaba un vistazo y escuchaba los pasos. Para ella era increíblemente aterrador. Una noche, su esposo entró temblando en la sala, le preguntó si estaba en el baño. Selene dijo que no había estado ahí, pero sabía exactamente por qué su esposo preguntaba, porque ella también lo había visto. Era algo muy grande, desde el suelo hasta el techo y tan ancho como el pasillo. Simplemente caminaría arriba y debajo de los pasillos toda la noche.

Un día, finalmente despertó y su casa se sintió menos tensa. Dos días antes, Selene se había acercado a un demonólogo y había seguido todos sus conejos. La pobre mujer había estado sumida en una depresión horrible y su hijo mayor estaba muy enfermo, por lo que tenía que ir a citas mensuales en el hospital de niños y además tenía muchas citas con médicos locales, algunas visitas a la sala de emergencias y estaba tomando un montón de medicamentos. Pero ese día parecía que todos estaban felices.

Más tarde esa noche, su esposo y ella se quedaron despiertos hasta muy tarde viendo la televisión. Algo llamó a la puerta. Le gritó a mi esposo cuando fue a levantarse para abrir la puerta, diciendo que no había nada y que volviera a sentarse, tuvo una sensación horrible y supo que era ese ente malvado.

Un par de minutos después volvieron a escuchar algo golpeando la puerta. Ambos fueron a las ventanas, que contaban con una vista clara de todo el frente de la casa, y efectivamente no había nada allí. Solo una escoba que estaba a un lado de la entrada que ahora estaba en el piso frente a la puerta. Los golpes ocurrieron durante tres noches. Selene pensaba que era el espíritu, quien intentaba que volvieran a dejarlo entrar.

Lo que tres adolescentes pensaban que era un juego espeluznante resultó perseguir a Selene durante ocho años.

Creció sintiéndose paranoica, preguntándose si habría hecho algo para invitarlo a regresar y preguntándose qué haría el espíritu a continuación.

Una vez que tienes una cosa enorme que parece una sombra negra de al menos 2 metros de alto y otro metro de ancho caminando por tu casa por la noche y está jugando con tu familia, es difícil relajarse después.

Osito de peluche

Una tarde, en Nueva Zelanda, Daniela y 3 de sus amigas probaron su propia tabla Ouija y contactaron a algunas personas diferentes. Pensaron que era muy divertido y al principio no pasó nada malo, estaban seguras de que todos los espíritus con los que hablaban también querían charlar.

Aproximadamente una semana después de hacerlo, comenzaron a escuchar algunos ruidos extraños en su departamento, pero asumieron que eran otros compañeros de casa que se levantaban e iban al baño. En la mañana preguntaron a los demás compañeros del edificio por el ruido y todos dijeron que ninguno se había levantado.

Poco después, el ruido se hizo más intenso y comenzaron a escuchar pasos que sonaban por las puertas de su habitación desde el pasillo y entraban al baño y, a veces, incluso abrían la puerta del baño y la volvían a cerrar.

Obviamente, las chicas comenzaron a preocuparse porque, además de ser jóvenes, ninguna de ellas había experimentado algo como eso antes, aunque Daniela, cuando era más joven, solía ver a una dama que la seguía de vez en cuando.

Una noche, estando todos dormidos, alrededor de las 5.30 de la mañana una de sus amigas entró en la habitación y le dijo que mientras dormía, sintió que algo la sujetaba y no podía darse la vuelta. Luego, sus zapatos fueron movidos por el piso y dos latas de cerveza que estaban en su cuarto fueron derribadas. Cuando finalmente pudo moverse de nuevo, se levantó para entrar a la habitación de Daniela y su puerta estaba cerrada.

Ambas se sentaron, preocupadas, hasta las 9 de la mañana y finalmente lograron conciliar el sueño por un rato.

Después de eso las cosas se calmaron un poco y pensaron que el problema podría haber terminado, pero justo al comienzo de la siguiente semana vieron un osito de peluche sentado afuera, junto al buzón de correo. Las chicas dejaron al peluche ahí, ya que parecía ser un juguete para niños pequeños, sin detenerse a pensar mucho en eso, aunque sentían que era una coincidencia bastante espeluznante.

Al día siguiente, notaron que el osito estaba sentado dentro de su departamento, al lado de sus habitaciones en una pequeña bodega destinada al almacenamiento. Las chicas preguntaron a los otros 4 compañeros de casa y ninguno de ellos lo había movido adentro.

También sucedió que Daniela y dos de sus amigos estaban conviviendo en una de las habitaciones una noche, todo parecía estar bien hasta que Daniela salió al baño y, cuando regresó y otra de sus amigas fue al baño, el osito estaba ahora sentado justo afuera de la puerta. Nadie se había levantado para moverlo, ya que eran alrededor de las 11 pm. Ninguna durmió en toda la noche.

Al día siguiente, Daniela volvió a poner el osito en la bodega de almacenamiento y luego una de las chicas lo tiró al gran cubo de basura de afuera. Aproximadamente 4 horas más tarde, alrededor de las 11 pm, cuando bajaron las escaleras para hacer algo de comida, el osito estaba nuevamente adentro y sentado en la mesa de la cocina.

Las chicas decidieron conservar al oso, y aunque nada malo volvió a suceder, continuaron escuchando ruidos por la noche. La situación comenzó a afectar su patrón de sueño, los otros compañeros de piso y sus conocidos comenzaron a pensar que las chicas estaban exagerando con todo. Sin tener idea de qué hacer o cómo resolverlo, lo único que esperaban era que el osito desapareciera pronto.

Conclusión

Desde esposos infieles, pasando por abuelos cariñosos y llegando hasta el mismísimo demonio, estas historias han logrado sorprender hasta el más escéptico de los lectores. Ya sea que este libro te haya hecho desear nunca encontrarte un tablero de Ouija en tu camino, o, por el contrario, haya despertado tu curiosidad latente, ¡no olvides seguir todas las reglas antes de iniciar cualquier acción!

La mayoría de la gente que cuenta estas historias recomienda encarecidamente que aquellos que no han vivido este tipo de terrores no los busquen por su propia cuenta, porque las cosas pueden salir peor de lo planeado.

. . .

A pesar de que estar buscando a algún familiar que recientemente dejó tu lado o de querer entablar amistad con algún buen alma que pueda confirmar si te están engañando, ¡ve con cuidado! No solo los espíritus son buenos mentirosos sino que nunca sabes cuándo podrías encontrarte con algún ente maligno, o incluso, ¡con el mismísimo Zozo!

Con la esperanza de que este libro haya saciado tu curiosidad por el misterioso tablero de madera, lo único que me queda por decirte es ¡dulces sueños!

Historias de Terror de Demonios

Impactantes Historias Reales de Encuentros con Demonios y Otros Entes Malignos

Índice

Introducción

La palabra demonio viene del griego *daemon*, que significa ser divino. En la mitología griega, los daemon son seres que pueden ser como espíritus o inteligencias que están entre los dioses y los humanos, igualmente pueden ser buenos o malos por naturaleza. Entre ellos está, curiosamente, Eros, según los diálogos de Platón.

La religión católica, al absorber todas estas culturas, designó que los daemons serían seres infernales, serían demonios. Puesto que no se ajustaban a las creencias en Dios y los seres celestiales dijeron que serían cuestión ajena, por lo tanto, al infierno.

Los demonios pueden llegar a poseer a un ser vivo, lo que se conoce como posesión, ya sea para adivinación o para causar enfermedades y aflicciones, aunque también existen los que funcionan como vampiros, es decir, que absorben la energía vital.

De acuerdo con las religiones cristiana, católica, judía e incluso en el islam, los demonios solamente sirven para hacer el mal a los seres humanos, son la contraparte de lo bueno y lo divino. Esto se debe a que todos ellos son parte de los seguidores de Satanás o el diablo. Satanás significa adversario y diablo significa calumniador. Este ser se refiere al ángel caído Lucifer, el cual era el más bello y amado de todos, pero se rebeló contra Dios por envidia a los humanos y lo mandaron a los infiernos.

Los demonios son perjudiciales para la humanidad tanto en el infierno como en la tierra. Su labor en el infierno era atormentar las almas de los pecadores. En la tierra pueden causar desde leves molestias y engaños, hasta causar desgracias mayores, plagas y enfermedades.

Por desgracia, en la actualidad, se suele utilizar la excusa de la presencia demoniaca o posesiones para justificar crímenes puramente humanos, por lo que, en caso de proceder, a las personas no se les hace responsables por sus acciones. La realidad de una presencia demoniaca es muy distinta de lo que aparentan estos criminales, ya que la persona poseída sufre, habla con voces distintas y en otros idiomas, no actúa de forma racional ni maquiavélica.

Los verdaderos poseídos o los que ven demonios más bien son catalogados como locos que pierden el juicio o que sufren de alucinaciones.

La presencia de demonios suele involucrar sucesos sobrenaturales, que la persona sufra dolor o enfermedades, accidentes repentinos y hasta la muerte. Las posesiones son mucho más complejas, ya que la persona poseída sufre de convulsiones, cambia de voz o idioma, se puede lastimar a sí misma o a los demás, habla con groserías y perjurios, y puede actuar de forma licenciosa. En cualquier caso, los demonios suelen temer a las figuras religiosas, crucifijos, objetos sagrados, rezos, cánticos en nombre de Dios y oraciones.

Las personas que cometen el gran error de acudir a los demonios, suelen querer algo a cambio de vender su alma u ofrecer sacrificios. Por lo general, suelen pedir riquezas, fama, poder, conocimientos, la desgracia de otra persona o gustarle a una persona.

Así como todas las culturas tienen sus propios demonios, también ha existido la creencia en la posesión. A veces por voluntad de la persona cuando se invita al demonio en un ritual, pero, generalmente, es en contra de su voluntad. Suele haber una forma especial en la que la persona se ve poseída de esa forma.

Puede ser el resultado de una maldición que les lanzó un hechicero o por algún evento desafortunado como pisar un cadáver.

Los registros más antiguos de posesiones por espíritus malvados suelen ser descripciones de enfermedades misteriosas causadas por los espíritus, simplemente porque no conocían la razón verdadera. Un ejemplo de esto es la epilepsia, la cual los griegos decían que era la enfermedad de los dioses porque parecía que algo sacudía a la persona.

Pero también existen registros bien documentados de posesiones reales. En muchas sociedades, los chamanes y los ritos religiosos son una parte muy importante de la vida espiritual. Los chamanes eran considerados seres superiores o que merecían mayor respeto porque eran los emisarios de los dioses. Para esto, tenían que entrar en un trance o un estado de éxtasis. A pesar de que los síntomas son similares, el éxtasis chamánico es diferente de la posesión demoniaca. Las personas pueden entrar en este estado de forma voluntaria, pueden hablar en diferentes idiomas, moverse con más fuerza y energía, mover sus cuerpos de formas increíbles y entrar en diferentes estados de consciencia.

Esos rituales son diferentes a las posesiones demoniacas porque son voluntarios y, al terminar, el espíritu se retira. La persona siempre tiene el control y utiliza a los espíritus a su favor. Lo mismo sucede con los médiums que se ponen en contacto con los espíritus o con los muertos. Por el contrario, las posesiones no son voluntarias. El espíritu entra sin ser invitado y no quiere salir. Para sacarlo es muy difícil y se requiere un exorcismo.

Las sociedades que suelen usar el éxtasis chamánico u otras formas de consciencia alterada suelen tener rituales que les ayudan a las personas a llegar a ese estado. Estos pueden ser cánticos, música rítmica, rituales de limpieza espiritual (baños, ayuno, castidad), utilizar ropa especial, comer alimentos específicos y a veces utilizar drogas que producen alucinaciones. Estas preparaciones se pueden considerar como abrir el portal que permite que la mente de la persona sea poseída.

La persona afectada se puede considerar que está ausente y que el otro espíritu tiene su cuerpo. Si es voluntario, la persona se puede considerar como un conductor o un intermediario. En una posesión, el hecho es más violento.

El rango de actividades en las que se puede involucrar la persona puede ir de lo benévolo y revelador, hasta lo hostil y destructivo.

Existen dos estados reconocidos: la persona puede estar lúcida, plenamente consciente de lo que sucede y es capaz de recordarlo después, o puede estar inconsciente.

Cuando acaba el ritual, la persona que se comunica o que canaliza a los espíritus tiene una forma para despedirlos y volver a tener el control de su cuerpo. Este no es el caso para un individuo poseído, quien a veces no se puede deshacer de los demonios.

En la tradición occidental, se considera que los demonios y los espíritus suelen habitar en el cuerpo de la persona.

En el vudú haitiano, se considera que el espíritu cabalga sobre el sacerdote. En los rituales semanales de los sábados, los practicantes de vudú piden a los espíritus que se aparezcan. A veces, estos seres pueden ser violentos y hacer que la persona destroce el lugar o que sufra convulsiones. La conducta del individuo durante la posesión refleja el carácter del espíritu. Al final del ritual, el control regresa a la persona.

Cuando el espíritu llega sin que lo inviten y toma posesión involuntaria, es una situación peligrosa. Esta posesión requiere de un exorcismo y de alguien experimentado en el tema.

Aunque el alojamiento voluntario o benigno de un espíritu puede ser deshecho al final de un ritual o con una sola palabra, la posesión está más allá de ese control tan directo. La única manera en la que podemos curar a una persona poseída por un demonio es por medio del exorcismo. Suele ser un ritual largo y posiblemente violento, especialmente si el demonio se niega.

Los exorcismos siguen un patrón similar incluso entre culturas diferentes. Suele ser un ritual especial que involucra un objeto mágico o sagrado, exigir al demonio o al espíritu que se identifique a sí mismo y ordenarle que se vaya. Forzar al demonio que dé su nombre es un elemento clave que vemos en rituales exorcistas de culturas diferentes.

El proceso impone pruebas muy rigurosas al exorcista, como el ayuno y largos periodos de oración. Los demonios están en su etapa más violenta y ofensiva durante el exorcismo. No les gusta la intervención del exorcista y luchan por mantener el control del individuo poseído. La lucha se vuelve aún más violenta y puede poner en peligro la vida de la víctima, a veces incluso la del exorcista.

Los exorcismos cristianos suelen seguir un patrón establecido por el Ritual Romano, un libro que compiló muchos de los rituales sagrados en 1614. El exorcismo no tiene que seguir las palabras al pie de la letra, por lo que puede variar según las circunstancias.

Los sacerdotes que realizan el exorcismo tienen prohibido involucrarse en una discusión o debate con los demonios y no deben confiar en nada de lo que digan. Ya que los demonios son buenos engañando, es posible que puedan llevar a la persona más virtuosa a cometer una herejía.

Brujas, fantasmas, poltergeists y demonios

La taxonomía de los espíritus malignos es compleja. A un nivel más simple, hay diferencias considerables entre las brujas, los fantasmas, los poltergeists y los demonios.

Brujas

La brujería no es lo mismo que ser poseído por un demonio, pero la posesión demoniaca suele asociarse con casos históricos de supuesta brujería. Las brujas, de acuerdo con el Papa Eugenio IV en 1437, son aquellos seres que han realizado un contrato con el demonio, a cambio de lo cual se les otorga poder para realizar el mal al tener control sobre los demonios. Más allá de estar poseídas, las brujas están en la posición envidiable de tener demonios que hagan lo que les ordenan. Cuando vemos una posesión demoniaca en términos de brujería, no suele ser la bruja la que se dice estar poseída por los demonios, sino las víctimas de la bruja.

Este es el caso de tres ejemplos muy famosos en Francia durante el siglo XVII: las posiciones en Aix, Loudun y Lanviers. En cada situación, unas jóvenes monjas dijeron haber sido poseídas por los demonios siguiendo la malvada influencia de un carismático sacerdote.

Fantasmas

Existe una relación incluso menor entre los demonios y los fantasmas. Debes en cuando, un caso de posesión parece involucrar que la persona sea poseída por el fantasma de una persona muerta, pero esto es muy poco frecuente. Un ejemplo de esto es la mujer estadounidense Anna Ecklund, quien parecía estar poseída no sólo por los demonios regulares, sino también por los espíritus de su tío y su amante muertos. Otro caso en la posición de los sobrevivientes del tsunami japonés, poseídos por los espíritus de algunas de las víctimas. En el vudú, son los espíritus de los muertos (Guédé) quienes poseen a una persona maldecida. Pero estos casos son muy raros; es mucho más común que las personas sean acosadas y molestadas por los fantasmas que ser poseídas por ellos.

Poltergeists

La actividad de un poltergeist puede parecerse mucho a una posesión demoniaca y hay una relación muy clara en este caso.

Un poltergeist (o "fantasma ruidoso", según su traducción del alemán) suele hacer que los objetos se muevan o vuelen, ruidos inexplicables como rasguños, golpes y cosas que se rompen, la desaparición y reaparición de objetos, y daños inexplicables. La actividad poltergeist se asocia generalmente con adolescentes y niños infelices o perturbados.

En 1599, el jesuita Martin Delrio escribió *Disquisitionum magicarum libri sex* (Seis libros de investigaciones mágicas), en el cual describió 18 tipos de demonios o de apariciones demoniacas. El tipo número 16 incluía espectros que en ciertos lugares, casas y momentos son propensos a ocasionar varios tipos de conmociones y molestias y que pueden mantener a la persona despierta al hacer ruido con ollas, mover piedras y jalar el colchón de la persona para que no pueda dormir en su cama.

Esto suena muy similar a un poltergeist. Sacar a alguien de su cama trae muchos recuerdos de muchas situaciones en las que se mueven las camas vigorosamente en los casos de posesión, es un hecho bastante recurrente. La tradición de la actividad similar a la del poltergeist es muy antigua. Los antiguos asirios tienen la tradición del *ekimmu*, los cuales son los espíritus de aquellos que murieron violentamente o repentinamente y no tuvieron un entierro apropiado.

Estos seres visitaban los hogares en la noche, causando caos y destrucción, incluso podían matar a un miembro de la familia y poseer a las personas.

Demonios

En la mitología cristiana, los demonios son ángeles caídos que se rebelaron en contra de Dios y fueron exiliados del cielo junto con su líder, Lucifer. Lucifer o Satanás es el jefe de los demonios y también se conoce simplemente como el demonio. Beelzebub o Belcebú es el demonio que está a su mano derecha. Luego están hordas de demonios menores, de las cuales sólo se nombran unas cuantas. El objetivo del diablo y de los demonios a su mando es atrapar a almas, traicionar a las personas para que se maldigan. La persona poseída está en grave peligro de perder su alma ante el diablo, esto es con lo que deben combatir los exorcistas. Es una tarea muy peligrosa.

El proceso de posesión se divide en varias categorías:

- Infestación: fenómenos extraños y problemáticos que afectan una zona (como una casa) en vez de estar restringidos a una persona específica. Esto es lo que se asocia con los poltergeists.
- La obsesión: una persona es víctima de pensamientos irracionales y opresivos u obsesivos, incluyendo pensamientos de suicidio o violencia contra otros, pero no pierde la conciencia o el control (esto es similar a la definición clínica del TOC, trastorno obsesivo compulsivo).
- Opresión: los demonios atacan físicamente a

una persona, dejando marcas o heridas visibles.

- Posesión: una entidad sobrenatural toma el control de una persona en contra de su voluntad, de modo que puede hablar y actuar a través de ella.

1

Un exorcismo vudú en Haití

EL VUDÚ de Haití implica elementos fuertes de posesión espiritual. La religión se succiona con elementos de creencias espirituales traídas por antiguos esclavos del oeste de áfrica con principios del cristianismo impuesto en las comunidades esclavizadas por los franceses en el siglo XVIII. Para el vudú de Haití es muy importante el creador supremo, llamado Bondye (que deriva de las palabras francesas *bon dieu*, o buen Dios) y *loa*, los espíritus que funcionan como intermediarios entre Bondye y la humanidad. Existen muchos *loa* en que supervisan diferentes aspectos de la vida. El *loa* Baron Samedi es el líder de los Guédé (o Ghede), los espíritus de los muertos. Se les suele invocar en casos de posesión, ya que son los espíritus de los muertos quienes son las entidades que poseen, impuesto en la víctima por un hechicero.

. . .

El antropólogo francés Alfred Métraux, quien estudió el vudú haitiano en los años cincuenta, describió el exorcismo de un hombre llamado Antoine, quien había trabajado antes en los muelles de Port-au-Prince. Antoine se había enfermado repentinamente y no era capaz de comer. Perdió mucho peso y ya no podía caminar. En la sociedad haitiana, esto se consideraba como una señal de posesión. Los fantasmas no tienen una misión especial, no tienen ningún mensaje para los vivos, no intentan controlar a la persona poseída o su alma para llevarla al infierno, simplemente están poseyendo la persona porque eso es lo que hacen los fantasmas. La persona poseída cae muy enferma y se vuelve muy frágil, deja de comer, escupe sangre y muere dentro de poco. El único remedio es que una persona con mucha experiencia ordene a los espíritus y los expulse utilizando rituales o una hechicería muy fuerte.

Para el caso de la posesión de un espíritu, Alfred Métraux describe el siguiente ritual utilizado con ese fin. El primer paso es voltear una estatua de San Expédit de cabeza, y luego decir una oración frente a él. El suplicante promete tener a Expédit como su patrón si el *lao* "me libera de esta cabeza, me libera de esta memoria, me libera de este pensamiento, me libera de esta casa".

El suplicante luego tiene que golpear tres veces con su machete una roca dedicada al Barón Samedi, pronunciar el nombre del Barón. Luego de eso, el Barón lo posee y, hablando a través de su boca, le dice al suplicante que vaya al cementerio y realice unas ofrendas de plátanos y papas picados frente a la cruz del Barón Samedi. Luego debe tomar un puñado de tierra por cada uno de los muertos que quiere mandar a la víctima y debe colocarlos en un camino que utilice la víctima. No importa si la víctima pasa sobre la tierra o la pisa; el espíritu del muerto va a entrar en ella en ese momento. Los espíritus, una vez arraigados, están completamente mezclados con la persona y son muy difíciles de remover.

Así pues, el primer intento para curar a Antoine fracasó y su familia por fin lo llevó a una *mambo*, o sacerdotisa vudú, llamada Lorgina. Su propia *loa*, Brisé, estuvo de acuerdo en ayudarla. Lorgina detectó, con la ayuda de la brujería, que Antoine estaba poseído por tres espíritus de los muertos. Ya que este era un caso serio, tuvo que llevarlo a su casa reservada para los espíritus de los muertos, los Guédé. Los Guédé son espíritus particularmente complicados ya que no siempre se retiran cuando se les ordena, sino que exigen otro cigarrillo, otra bebida y quieren seguir en la fiesta por un rato.

El sacerdote o sacerdotisa tienen que mantenerlos vigilados al mismo tiempo que se asegura de que sean atendidos apropiadamente. Los Guédé, al ya estar muertos, saben que están más allá del peligro por lo que son difíciles de disciplinar. Suelen comportarse de formas ostentosamente provocativas, son ruidosos y sexuales, y hacen cosas que serían muy arriesgadas para una persona viva, como tragar vidrio roto o comer chiles crudos.

Lorgina tenía las señales de los Guédé dibujados en el suelo utilizando granos de café y cenizas, y había colocado el tapete de Antoine sobre el dibujo. Se colocó una mesa para el *loa* Brisé con su piedra especial, cinco montones de hojas y tres calabazas vacías. Cada una de las calabazas contenía una vela encendida, maíz y cacahuates molidos. Debajo de la mesa había dos contenedores llenos de una mezcla de bilis de toro, agua y plantas en remojo.

. . .

Conforme Antoine era llevado y colocados sobre su tapete, los muertos dentro de él le gritaban constantemente a Lorgina, jurando que no podría sacarlos. Le quitaron la ropa Antoine, menos su ropa interior, y se le preparó como si fuera un cuerpo.

De acuerdo con la tradición haitiana, sus orificios nasales fueron sellados con bolas de algodón, su mandíbula fue amarrada con tela para que no se pudiera abrir, le cruzaron los brazos y amarraron sus dedos pulgares de los pies. Lorgina colocó pequeños montones de cacahuates y maíz sobre su pecho, palmas, frente y estómago. Nuevo trajo una gallina y un gallo y llamó a los espíritus. Un asistente llevó las aves con Antoine y permitió que picaran la comida de su cuerpo, comenzando con la cabeza. El gallo no quiso comer, así que se trajo a otro.

Después de eso, un ave se colocó entre las piernas de Antoine y las otras dos sobre su pecho. Lorgina comenzó a rezar, con encantamientos para el *loa* y para San Expédit. Ella recitó muchas oraciones católicas conocidas y presidió todo nombrando a las tres personas del Dios cristiano.

. . .

Después de rezar, Lorgina continuó su ritual pasando la gallina y los dos gallos sobre el cuerpo de Antoine, comenzando con la cabeza, mientras recitaba encantamientos para expulsar al mal y permitir que lo bueno entrara en su cuerpo. En cierto momento, tanto Lorgina como sus asistentes sisearon como el dios serpiente Damballah. Los asistentes repitieron el gesto con el ave y Antoine comenzó a temblar.

Lorgina le dijo que se quedara quieto e invocó a su propio *loa*, a los ancestros y al *loa* de Antoine para que los salvaran. Después de pasar las aves por última vez, se les dejó a su lado, confusos. Los otros elementos, las calabazas y la piedra, se pasaron sobre Antoine.

La siguiente etapa fue más violenta y molesta para los familiares de Antoine. Lorgina comenzó a arrojar puñados de la mezcla para las aves sobre él. Él comenzó a temblar y a tener escalofríos, tratando de levantarse. Ella continuó con el baño y algunos de los espectadores ayudaron arrojando la mezcla sobre él, mientras él temblaba tan violentamente que rompió sus amarrados de cuerpo difunto. Lorgina dijo que el baño de las hierbas putrefactas y la bilis era para repeler a los muertos. Por fin se quedó exhausto y dejó de temblar. Lorgina llamó su nombre, diciendo a "Antoine, Antoine, ¿estás ahí?".

. . .

Cuando él contestó con una leve "sí", sus asistentes quemaron el ron que estaba alrededor de la piedra de Brisé, agarrando las llamas con sus manos y esparciéndolas sobre el cuerpo de Antoine. Lorgina puso un poco de ron en su boca y lo escupió sobre su rostro. Él fue sostenido mientras intentaba proteger sus ojos.

Por fin, un asistente le dio a Antoine un masaje con pequeños golpes sobre sus hombros, en el interior de los codos y en el doblez de las rodillas.

La parte final del ritual se llevó a cabo en el exterior. Como preparación, se había excavado una trinchera y se había rodeado con tres calabazas y siete linternas de cáscara de naranja. Se colocó a Antoine en la trinchera y se le dio una palma de banano para que la sostuviera entre sus brazos. Lorgina pasó la gallina sobre Antoine, lo roció con un poco del contenido de las calabazas y entonó el ritual del exorcismo, llamando a varios santos, *loas*, a Dios y los espíritus de los muertos. Por último, ella dejó caer agua sobre Antoine, luego rompió la jarra que la contenía y le ayudó a salir de la trinchera. La gallina no tuvo tanta suerte. Se le colocó dentro de la trinchera y se le enterró vida, entre las raíces de la palma de banano que había sido sembrada. Tres lámparas encendidas marcaban el lugar.

A Antoine se le frotó con ron caliente para completar en la expulsión de los muertos y se le dejaron tres pequeñas cargas entre las piernas. Se le roció más ron encima y se echó también hacia el norte, sur, en este y oeste mientras un asistente sacudía un látigo especial.

Lorgina entonces agarró una camiseta blanca con orillas rojas y quemó una orilla. Con la parte quemada, ella dibujó marcas sobre el pecho y el rostro de Antoine, y luego le ayudó a vestirse con esa camiseta. Después de que le hubieran lavado los pies con agua y hierbas, por fin se le dio una taza de té para los nervios, la cual probablemente era bastante necesaria para ese punto, y se le consideró libre de demonios. La palma de banano eventualmente murió, demostrando que el Barón Samedi había aceptado el entierro de la gallina debajo de ella como una ofrenda a cambio de haber salvado a Antoine. Para ese momento, Antoine estaba completamente curado. Pronto estaba fuerte y listo para regresar a trabajar en los muelles.

2

El caso de Anneliese Michel

EL CASO DE ANNELIESE MICHEL, una joven estudiante universitaria en Alemania, muestra que lo que puede suceder cuando la creencia en una posesión y exorcismo entra en conflicto con los sistemas modernos médicos y legales.

Anneliese tenía un contexto familiar inusual. Su madre había nacido como una hija ilegítima en 1948, un acto tan vergonzoso en la Bavaria rural que había sido obligada a utilizar un velo negro en su día de moda. Anneliese nació cuando su hermana mayor, Martha, tenía cuatro. Anneliese estaba obligada a vivir devotamente, y cuando Martha murió a los ocho años, la presión en ella aumentó. Parece que toda la familia tenía que pagar por el "pecado" de la madre.

La devoción de Anneliese era muy profunda. De adolescente, ella dormía en el piso duro de piedra para pagar por los pecados de los drogadictos que dormían en la estación del ferrocarril.

Los problemas de Anneliese comenzaron en 1968, cuando tenía 16 años de edad. Se desmayó en la escuela y esa misma noche sufrió convulsiones y se mordió la lengua. Su ataque duró cerca de un cuarto de hora y ella dijo haber sentido un gran peso sosteniéndola contra el piso. Un año después sufrió otro ataque y su madre la llevó al ver a un médico, quien realizó varias pruebas y no descubrió evidencias de problemas físicos, pero decidió tratarla contra la epilepsia. Ese mismo otoño, Anneliese sufría una serie de enfermedades físicas y terminó en un sanatorio en Bavaria para recuperarse. Sufrió otro ataque en 1970 y se le recetó medicaciones contra las convulsiones. Poco después, ella experimentó la visión de rostros malvados, sonrientes y demoniacos. Al mismo tiempo, ella no le dijo a nadie sobre esas visiones o las que siguieron.

Al salir del sanatorio, Anneliese regreso a la universidad, pero tuvo más convulsiones y periodos de ausencia cuando ella parecía desaparecer por completo, dejando solamente una cáscara vacía e inanimada.

Sufrió una gran convulsión final en junio de 1972. Pero otras experiencias tomaron el lugar de las convulsiones.

El cuerpo de Anneliese se ponía rígido periódicamente y esto comenzó a suceder con más frecuencia. Las horribles caras la molestaban muy seguido, sentía una terrible sensación de miedo y luego la asaltaba una terrible peste que nadie más podía oler. Ella recurrió a la oración, volviéndose incluso más fervorosa religiosamente, pero su madre se dio cuenta de que, si rezaba junto a una estatua de la Virgen María en su casa, sus ojos se volvían negros y sus manos se apretaban como garras. Ella visitó un santuario a la Virgen en Italia con su padre, pero fue incapaz de entrar y no podía ver la imagen de Jesús.

La visita al santuario también desencadenó la primera interacción de los demonios con otros. En el camino a casa, Anneliese producía un horrible olor, esta vez los otros podían olerlo, y actuaba de forma violenta con el guía turístico que expresaba sus opiniones religiosas. Ella también habló con una voz alterada que sonaba masculina. Luego dijo que ella no tenía el control de sus acciones y sentía que era manipulada por algo o alguien más.

Anneliese debía comenzar la escuela en Würzburg en el otoño de 1973. Su madre la llevó otra vez al médico, y esta vez sí explicó que veía rostros que la atormentaban, llamándolos demonios, y predijo el fin del mundo en un incendio masivo que sucedería pronto. El médico aumentó su medicación y aparentemente sugirió que vieran a un jesuita, aunque luego negó haber dicho eso.

Su escepticismo tuvo un gran impacto en Anneliese, quien comenzó a separar sus problemas en dos grupos. Continuó buscando ayuda médica para la depresión, dolores de cabeza severos y el terrible aroma que la invadía, pero comenzó a ver a sacerdotes para que le ayudaran con los problemas que consideraban que eran espirituales. Algunos se rehusaron a verla, pero el joven sacerdote de Aschaffenburg, el Padre Ernst Alt, se interesó en su caso y comenzó a rezar por ella. Él creía que era un caso de posesión demoniaca, pero fue capaz de obtener el permiso que requiere un sacerdote católico para llevar a cabo un exorcismo. Su atención le ayudó a Anneliese hasta cierto punto, y ella se mudó a Würzburg para comenzar su curso universitario.

Una vez que las clases comenzaron, Anneliese empeoró.

Las oraciones con el Padre Alt y las visitas al santuario con su nuevo novio, Peter, ayudaron, pero sentía que cada vez perdía más el control. Hubo algunos contratiempos con su vida familiar: su abuela murió y dos de sus tres hermanas se mudaron fuera de la casa familiar. Su ansiedad se volvió más extrema y sentía que estaba eternamente condenada. Tenía ataques cada vez más frecuentes en los que se ponía rígida, su cara se transformaba en un gesto que hacía muecas, también gritaba o lloraba sin control y destruía objetos religiosos. Se quedó postrada en la cama, incapaz de comer, moverse o dormir.

Anneliese volvió pronto a casa, incapaz de seguir con sus estudios. Su condición empeoró aún más. A lo mucho, dormía una hora en la noche y recorría furiosa toda la casa; su cuerpo se sacudía convulsivamente y al final se quedaba rígido por días. A veces, ella pasaba de estaba arrodillada a parada y al revés tan vigorosamente y tan continuamente, hasta 600 veces al día, que sus rodillas se ulceraron y eventualmente se rompió los ligamentos en ambas rodillas. Se desgarraba la ropa, atacaba violentamente a su familia, comía arañas, moscas y carbón, se metía ropas sucias con orina a la boca o lamía la orina del piso. Su conducta era tan salvaje y poco natural que su familia estaba desesperada. Ella parecía recibir la visita de los espíritus de su abuela y de su hermana.

También le aparecían heridas en manos y pies que sus padres interpretaron como estigmas.

Los estigmas son apariciones espontáneas de las heridas que se parecen a las que sufrió Cristo en la crucifixión. Se dice que han ocurrido desde la Edad Media. Por lo general, suelen ser heridas punzantes en las palmas de las manos, como si las hubieran atravesado unos clavos.

Algunas personas también sufren heridas en los pies.

Incapaz de ponerse en contacto con el Padre Alt, la familia llamó al Padre Rodewyk un sacerdote al que Anneliese había visto antes. Cuando visitó a la familia, al inicio ella estaba en un estado catatónico, pero se levantó lo suficiente para mantener una conversación breve con el sacerdote. Ella le preguntó su nombre y respondió en una voz baja y poco natural, "Judas". Ella pareció estar coherente y tranquila por un periodo de tiempo después de eso. Le dijo que intentaría organizar un exorcismo para ella cuando comenzaron los calambres una vez más.

El Padre Rodewyk obtuvo el permiso de un obispo local para el exorcismo y se asignó al Padre Arnold Renz al caso de Anneliese. Ya que los exorcismos católicos no son un rito, sino un ritual, no tienen que seguir una forma precisa de palabras o un orden, ya que puede ser adaptado a las circunstancias del individuo. Todos los exorcismos de Anneliese, menos el primero, fueron grabados en cinta, dejando un registro invaluable para los psicólogos, historiadores y teólogos. El Padre Renz documentó el primer caso en su diario.

El patrón general del exorcismo católico es una invocación a Dios, a los ángeles y a los santos; mucha oración con la comunidad presente (usualmente el exorcista y amigos y familiares de la persona afligida); rociar agua bendita o la presentación de objetos benditos; e interrogar a los demonios poseedores. Anneliese respondió de forma violenta al agua bendita, diciendo groserías al sacerdote y exigiendo que "detuviera esa mierda". Tuvo que ser agarrada por tres hombres, y no soportaba estar acostada ya que decía que el demonio se sentaba en ella cuando lo hacía. Ella respondió de forma vigorosa y violenta durante las cinco horas y media del ritual, pero ella luego dijo recordar todo eso y deseaba que hubieran continuado porque sentía que los demonios estaban perdiendo su poder sobre ella.

Las sesiones de exorcismo continuaron las siguientes semanas. Anneliese estaba lo suficientemente bien como para regresar a sus estudios, volviendo a casa cada pocos días para los exorcismos. Durante ellos, se identificaron a sí mismos seis demonios, pero se negaron a dejarla: Lucifer, Judas Iscariote, Nerón, Caín y Adolf Hitler, el último hablando con inflexiones austriacas muy propias.

Llegaron a detallar una opinión bastante interesante sobre las reformas introducidas a la Iglesia por el Segundo Consejo Vaticano (1962-1965), razón por la cual el Padre Renz comenzó a grabar las sesiones. También hablaron de los horrores del infierno. Todo esto se consideró como ejemplo de gnosis, la posesión de conocimientos ocultos.

Para mediados de octubre de 1975, Anneliese estaba mejorando. Ahora tenía visitas positivas y revelaciones de la Virgen María y de Cristo, así como también los demonios estaban perdiendo su poder. El último día de octubre, un día que solía estar mencionado en sus revelaciones y mensajes, los demonios comenzaron a dejarla, uno detrás de otro. Conforme cada uno la dejaba, ella vomitaba violentamente. Pero tan pronto como fueron expulsados y todos estaban dando gracias, un nuevo demonio anunció su presencia.

El demonio se volvió cada vez más silencioso, respondiendo cada vez menos en las sesiones de exorcismo. Anneliese se vio afectada cada vez más y más, lastimándose a sí misma, enfureciéndose, convulsionando y gritando constantemente, además de no comer nada. Ella tuvo 67 exorcismos en un periodo de 9 meses. Pero, el 1 de julio de 1976, un día que ella había mencionado varias veces en sus predicciones en el que todo estaría bien, ella murió.

Los padres de Anneliese y dos sacerdotes fueron enjuiciados por asesinato. La corte declaró que ella había muerto como resultado de tener un exorcismo en lugar de atención médica apropiada. La inanición se mencionó en el reporte de la autopsia, ella pesaba poco menos de 31 kg el día de su muerte, por haber creído que podía sacar a los demonios de su sistema con el hambre. A sus padres y a los sacerdotes se les dio dos sentencias suspendidas y libertad condicional por asesinato por negligencia al permitir que se matara de hambre. En 1999, el Vaticano revisó el ritual del exorcismo, el Rituale Romanum, por primera vez desde 1614, y ahora insiste que todos los sacerdotes que tienen permitido llevar a cabo un exorcismo tengan entrenamiento médico.

El cuerpo de Anneliese ha sido exhumado dos veces, una vez después de tres años y otra vez después de once años, para confirmar que realmente se está descomponiendo.

La película de *El exorcismo de Emily Rose*, estrenada en el 2005, se basa en el caso de Anneliese Michel. Su madre sigue convencida de que ella murió para salvar las almas perdidas de otros, para pagar por sus pecados.

3

La trágica vida de Maricica Cornici

En la Rumania comunista de 1982, la pequeña Maricica Irina Cornici y su hermano Vasile fueron abandonados por su Madre alcohólica en el orfanato Barlad. El padre de Maricica recién se había ahorcado enfrente de su hija.

El orfanato era tan malo como cualquier otro orfanato rumano de los que fueron expuestos al escrutinio occidental en los años noventa. Mientras estaban ahí, Maricica pasó hambre, fue golpeada y abusada. Los administradores constantemente robaban dinero, comida y objetos proporcionados al orfanato para niños, y Maricica y otros niños fueron utilizados para la pornografía infantil. Al comienzo de su pubertad, ella escondió sus características sexuales emergentes para evitar la violación y el acoso de otros niños mayores en el orfanato.

Ella aprendió karate y se volvió físicamente agresiva.

También desarrolló una relación erótica con una amiga cercana del orfanato, Paraschiva (o Chita) Anghel. Esta y otra relación con otra niña tenía un elemento sadomasoquista, en el que Maricica sentía placer al lastimar a sus compañeras. Aparentemente, ella también escuchaba la voz de su padre hablándole durante esos años en este orfanato. Fue un difícil comienzo para todo lo que le esperaba.

Cuando Maricica dejó al orfanato en el 2001, ella tenía 19 años de edad. Se estableció con lo que era llamado generosamente una "familia adoptiva" en la que trabajaba a cambio de comida y alojamiento. También trabajó en lugares en Alemania y ahorró algo de dinero, esperando mudarse a Alemania con Chita. Cuando Maricica luego descubrió que su familia adoptiva le había robado una parte de sus ahorros y la reemplazaron rápidamente con otra "hija" después de que ella se fue, sus molestias aumentaron. Claramente ella había realizado una mayor inversión emocional en ellos de lo que ellos hicieron con ella.

Cuando Maricica llegó al convento Tanacu (Santa Trinidad) en el que estaba viviendo Chita, ella no quiso irse. Maricica se quedó en el convento, cero al verse frustrado sus planes, ella se volvió cada vez más abusiva con las monjas, lanzándoles groserías e insultos antigay infundados. También estaba plagada de enfermedades físicas.

En abril de 2005, las mujeres la agarraron, la amarraron y se la llevaron al hospital del condado Vaslui después de un episodio violento, probablemente suicida. Luego se le liberó de la unidad psiquiátrica después de 15 días, a pesar del diagnóstico de esquizofrenia. Aparentemente, ella tenía leucemia avanzada y una muerte a causa de eso sería una carga negativa para la unidad psiquiátrica ya que significaría una muerte a su cargo.

De vuelta en el convento, ella estuvo tranquila brevemente, pero volvió a la violencia en mayo, incendiando la celda en la que vivía. Aun así, las monjas intentaron ayudarla con una demostración de amor, oraciones, confesión, obediencia y ayuno. No eran conscientes de su grave condición física. Pero su comportamiento y palabras llevaron a las monjas, quienes tenían poco o nulo conocimiento sobre enfermedades mentales, a pensar que estaba poseída.

Fue una sugerencia que posiblemente fue realizada en primer lugar por una enfermera del área psiquiátrica. El sacerdote a cargo del convento, el Padre Daniel Corogeanu, ahora se consideraba a sí mismo involucrado en una guerra con el demonio.

Mucho antes de encontrarse con Maricica, Corogeanu ya estaba alejado del cristianismo occidental. Con sólo 29 años, él ya estaba lleno de pasión y compromiso, se veía a sí mismo como un guerrero de las cruzadas en contra del demonio, y ya estaba adquiriendo un culto muy lejos de la zona muy tradicional de Rumania en la que vivía. La Iglesia Ortodoxa sancionaba el exorcismo, aunque no en la forma poco convencional que utilizó el Padre Corogeanu. Sin embargo, las personas locales estaban más que dispuestas a culpar todo tipo de enfermedades, incluyendo simples malestares físicos, a los demonios y el exorcismo solía estar más disponible que una atención médica decente.

Las monjas fueron seducidas fácilmente por el Padre Corogeanu.

Aunque la política oficial dice que no se pueden realizar más de dos exorcismos a un individuo en el plazo de un año, que debe haber presentes tres sacerdotes y que la enfermedad mental debe ser descartada de forma profesional por personas calificadas, el Padre Corogeanu no hizo caso a nada de esto. Bajo sus órdenes, las monjas prepararon a Maricica para el exorcismo. Actuaron sus manos y pies y la encerraron en una celda mientras celebrabanla ascensión. Después, fue trasladada dentro de la iglesia en una estructura de madera que algunos describen como planchas con reposabrazos y otros dicen que era como un crucifijo. Se le untó aceite bendito en la frente y en las muñecas. Paso tres días en la iglesia.

Durante este tiempo, ella no comía nada y posiblemente sólo bebió agua bendita. El Padre Corogeanu luego dijo que le habían ofrecido comida y bebida, pero ella lo había rechazado. Su boca estaba tapada con una toalla para prevenir que gritara, maldijera y blasfemara mientras que el Padre y las monjas rezaban por su liberación de los espíritus.

Después de eso, las monjas regresaron a Maricica a su cuarto y la desencadenaron, pero no podían despertarla.

Aunque el Padre Corogeanu dijo que ella estaba curada y que el desmayo después del exorcismo era algo común, las monjas llamaron a una ambulancia cuando descubrieron que tenía el pulso muy débil. Ella estaba muerta cuando llegaron al hospital. La autopsia reveló que Maricica murió de deshidratación, cansancio y falta de oxígeno, pero el Padre Corogeanu dice que murió debido a la inyección de adrenalina que recibió en la ambulancia (una declaración que recibió algo de crédito por el forense que examinó el cuerpo exhumado). El Padre fue sentenciado a siete años en prisión (y fue liberado en el 2011); las monjas fueron sentenciadas entre los cinco y ocho años.

4

Las posesiones Loudun

El caso más famoso de histeria masiva relacionado con supuesta actividad sobrenatural seguramente se trata de los juicios de Salem en 1690 en Estados Unidos. Sin embargo, es muy seguro que no haya sido el primer caso.

El fenómeno comenzó en Francia, en Aix-en-Provence, en 1611, pero se llegó a conocer con el nombre de las posesiones de Loudun en 1632. En Francia, el cargo no era la brujería, sino que varios sacerdotes acusaron a las jóvenes monjas de estar poseídas por demonios.

El sacerdote desafortunado en el centro del caso fue Urbain Grandier, un atractivo y carismático hombre que prefería formas más sencillas de fe y adoración para adornar los rituales de la Iglesia Católica. Sus aprendizajes reformistas y los hugonotes que formaban parte de su congregación, le hicieron poco popular con la iglesia de moda. Aun así, era popular con las mujeres. Se dice que tenía amantes, algo que no era ideal en un sacerdote, pero tampoco era particularmente fuera de lo común. En 1630, se le acusó de inmoralidad, pero pagaron la deuda, probablemente con ayuda de esos amigos en posiciones elevadas, y regresó a su trabajo como sacerdote en la parroquia de Loudun. Pero cuando tenía las esperanzas de tener el puesto de confesor para las monjas ursulinas en el convento de Loudun, su reputación como Casanova le jugó en contra y le dieron el puesto de trabajo al abate Mignon.

Hay dos relatos que entran en conflicto respecto a lo que sucedió después. Una versión es que el Obispo de Poitiers (quien posiblemente antes había ayudado a Grandier) se acercó a Mignon con un plan para desacreditar a Grandier al persuadir a las monjas de que fingieran posesión y le echaron la culpa. La otra versión es que las monjas se acercaron espontáneamente a Mignon para pedir un exorcismo. La principal referencia para este incidente es una historia escrita en esa época (1634), la cual está muy sesgada, e ilustra a Grandier como una terrible persona.

Se duda de que podamos obtener la verdadera versión de esta historia. Pero ya sean que fuera un engaño o no, no resultó nada bien para Grandier en los siguientes meses.

La priora a cargo del convento, Jeanne des Anges, junto con la subpriora, la Hermana de Colombiers, y una monja novata llamada Marthe de Saint-Monique, dijeron haber visto apariciones nocturnas durante la noche de un hombre religioso pidiendo ayuda. Algunos registros dicen que las monjas se quejaron de sueños sexuales (que luego dijeron ser sobre Grandier), evitaban durante la noche y que ninguna clase de ayuno y flagelación durante el día les brindaba alivio de esos asaltos nocturnos.

Después de haber intentado remedios médicos sin ningún éxito, no tuvieron más opción que pedir ayuda al confesor, el abate Mignon. Hacer que su problema fuera público fue toda una prueba para ellas. No solamente era vergonzoso admitir la posesión demoniaca, sino que también los patrones y los pupilos se distanciaron del convento, un desastre financiero terrible para ellos.

Mignon intentó el exorcismo y es probable que estuviera muy sorprendido y alarmado de descubrir que los espíritus poseedores denunciarán a Grandier como el instigador de este hecho malvado. En total, se descubrió que 17 monjas, incluyendo a Jeanne des Anges, estaban completamente poseídas o parcialmente bajo la influencia del ser maligno. Claramente, se necesitaban más intentos de exorcismo.

Los exorcismos fueron realizados por exorcistas expertos: un monje capuchino, el Padre Tranquille; un franciscano, el Padre Lactance; y un jesuita, el Padre Jean-Joseph Surin. Se volvieron espectáculos públicos que se llevaron a cabo en una plataforma construida en la catedral frente a 7,000 espectadores, a los cuales se llevaron las monjas encadenadas. Durante el exorcismo, las monjas sufrían convulsiones violentas por lo general, también llegaban a ladrar, gruñir, contorsionarse, gritar y decir cosas obscenas a los exorcistas. Un escrito contemporáneo da cuenta de que estas vívidas escenas:

. . .

"[Las monjas] golpeaban sus pechos y sus espaldas con sus cabezas, como si tuvieran los cuellos rotos y con increíble rapidez; giraban sus brazos en las articulaciones del hombro, el codo o en la muñeca, dos o tres veces.

Recostadas en sus estómagos, juntaban las palmas de sus manos con las plantas de los pies; su rostro se volvía tan aterrador que uno no podía aguantar mirarlos; sus ojos permanecían abiertos sin pestañear. Son lenguas repentinamente fuera de sus bocas, horriblemente inflamadas, negras, duras y cubiertas de granos, y aun en este estado todavía hablaban claramente. Se lanzaban hacia atrás hasta que sus cabezas tocaban sus pies, y caminaban en esta posición con gran rapidez y por mucho tiempo.

Emitían gritos tan horribles y tan fuertes que nada similar se había escuchado antes. Utilizaban expresiones tan indecentes que podían avergonzar al hombre más perverso, mientras que sus actos que al mismo tiempo se exponían a sí mismas e invitaban a un comportamiento lascivo de los presentes hubiera sorprendido a los residentes de los burdeles más bajos del país".

Las monjas utilizaban "juramentos y expresiones blasfemas tan desagradables tan poco escuchadas, que no pudieron haber sido sugeridas por la mente humana".

Según escucharon los testigos, ellas podían permanecer despiertas y hacer ayuno por cinco o seis días seguidos, y soportar los tormentos de la posesión dos veces al día por horas en ocasiones sin mostrar efectos de cansancio. En efecto, algunas incluso parecían más saludables que antes.

Un extraño comportamiento caracterizaba sus exorcismos. Repentinamente se quedaban dormidas, los cuerpos se volvían tan pesados que incluso un hombre fuerte no podía mover sus cabezas. Se podían escuchar voces extrañas peleando dentro de Françoise Filestreau, varias hablando al mismo tiempo, conforme los demonios discutían sobre quién debería tener el control de su habla.

Ella tuvo su boca cerrada todo el tiempo. Elizabeth Blanchard se ponía de cabeza durante sus convulsiones y Jeanne des Anges podía quedarse suspendida unos 60 centímetros sobre el suelo, y, en una ocasión, sólo dejó su codo sobre el suelo. Las monjas podían moverse de estar recostada boca abajo a ponerse de pie sin mover un solo músculo.

Sus contorsiones eran prodigiosas:

"Otras, cuando estaban en estado comatoso, se volvían flexibles como un pedazo de cuero, por lo que su cuerpo podía doblarse en cualquier dirección, hacia adelante, hacia atrás o a los lados, hasta que su cabeza tocaba el suelo; y permanecían en esa posición tanto tiempo mientras que no fueran a alteradas por otros".

"En otras ocasiones, llegaban a pasar el pie izquierdo sobre el hombro hasta la mejilla. También podían pasar el pie sobre la cabeza hasta que el dedo gordo del pie tocaba la punta de su nariz".

"Otras eran capaces de estirar sus piernas tan lejos o hacia la derecha y a la izquierda que se pueden sentar en el suelo sin ningún espacio visible entre sus cuerpos y el piso, sus cuerpos erectos y las manos juntas".

"Una, la Madre superiora, estiró sus piernas a tan extraordinaria extensión, que la distancia de pulgar a pulgar de los pies era de 2 metros, aunque ella misma medía solamente 1.30 metros".

Los registros de los testigos sobre su comportamiento fueron mandados a la Sorbona en parís, donde los doctores confirmaron que esto era evidencia de posesión demoniaca.

Jeanne des Anges (o un demonio hablando en su lugar) dijo que las monjas estaban poseídas por dos demonios llamados Asmodeus y Zabulon, diciendo que las posesiones habían comenzado después de que Grandier (supuestamente) en dejará un montón de rosas almizcleras en el convento. Ella dijo que las había estado visitando, en espíritu, no en persona, en el convento por muchos meses, incitando las acometerá actos lascivos.

. . .

Se demostró que las monjas podían hablar en lenguajes que ellas no conocían, un síntoma muy conocido de la posesión demoniaca. Estos incluían español, turco, alemán e italiano. Un tal M. de Launay de Razilli, que había vivido en América, dijo haber interrogado a una de las monjas en un lenguaje nativo americano y recibió una respuesta coherente. Cuando Grandier tuvo permitido confrontar a los demonios en su defensa, ninguno fue capaz de contestar a sus respuestas en griego. Sin embargo, esto no hizo mucho a su favor, ya que uno de los espíritus/monjas luego explicó que los demonios les habían prohibido hablar en griego.

Los exorcismos no liberaron a las monjas de los espíritus malignos y los asaltos nocturnos continuaron sin reducirse un poco. Inevitablemente, los exorcismos llevaron a la acusación y juicio de Grandier. El juicio fue algo así como una papa caliente política.

La corte francesa se involucró y el cardenal Richelieu decidió continuar con el procedimiento contra Grandier, incluso permitiendo la evidencia de los demonios (aquellos que hablaban a través de las monjas) en su contra. Luis XIII aprobó el hecho.

. . .

Richelieu tenía buenas razones para deshacerse del clérigo. El cardenal estaba alentando a Luis XIII para remover el poder de las ciudades locales y centralizarlo; el intelectual Grandier sabía lo que ocurría y se opuso. Las autoridades esperaban que un juicio rápido y condena terminaran con la posesión. Pero se decepcionaron.

Urbain Grandier fue arrestado y se comenzó su investigación. Como era costumbre, se le desnudó y se le rasuró toda la cabeza y el cuerpo. Luego fue examinado por un "cirujano" que descubrió tres "marcas del diablo" en su cuerpo. Una marca del diablo solía caracterizarse como una mancha que podía ser picada con una aguja y no causar ni dolor ni sangrado. Por supuesto, esto estaba abierto al abuso. Muchos de los examinadores tenían sondas telescópicas redondeadas que colapsaban bajo la presión de la piel, por lo que no causaban un daño inmediato al acusado, pero provocaban infinito después ya que se les identificaba como brujas.

. . .

De acuerdo con Nicholas Aubin, en un escrito de 1693, eso se utilizó para buscar marcas en el cuerpo de Grandier; se rechazaron las objeciones del cirujano y del boticario. Una pieza de evidencia podía tener importancia en un momento, pero ahora se puede decir que debilitaba el caso en su contra y apoyaba la sospecha de que estaba manipulado. Éste era un contrato firmado con el diablo, supuestamente con la letra de Grandier, el cual no sólo había sido firmado por Grandier, sino que también Beelzebub y otros demonios habían firmado.

En cierto punto, algunas de las poseídas parecían cambiar de opinión e intentaban retractarse de sus palabras.

Jeanne des Anges incluso apareció con una soga al cuello, diciendo que se iba a ahorcar si no le permitían retirar sus mentiras previas. Sin embargo, un noble poderoso, Laubardemont (quien resultó estar emparentado con Jeanne), dijo que cualquiera que testificara a favor de Grandier sería declarado traidor y se le confiscarían sus posesiones. Eso puso un alto a la defensa. Por último, 72 testigos brindaron evidencia en su contra.

. . .

La corte torturó sin descanso a Grandier, utilizando particularmente la "bota", una estructura que apretaba la pierna y en la cual se metían cuñas de madera con un martillo, lo que aplicaba una presión insoportable en la pierna. Él no confesó, ni se retractó, ni denunció a nadie, a pesar de que le fracturaron ambas piernas con la horrible tortura. Se registró que se rehusó al agua bendita y que no quiso llamar a Dios, a Cristo o la Virgen Santa durante su tormento. Aldous Huxley comentó que, ya que todo esto se realizó en el nombre de la religión, no es de sorprender que él no quisiera apelar a esa misma religión en medio de su sufrimiento. En una lógica distorsionada, sus acusadores dijeron que su rechazo a admitir hechicería bajo la tortura era más evidencia de su culpa, ya que los pactos con el diablo inevitablemente implicaban una cláusula que impedía que la bruja admitiera su participación. Aparentemente, el diablo fortalecía el corazón de las víctimas para hacerlas capaces de aguantar la tortura sin tener que renegar su promesa.

A pesar de su falta de confesión, Urbain Grandier fue declarado culpable y sentenciado a quemarse en la hoguera. Aunque era costumbre que las víctimas fueran estranguladas antes de arder, cuando el ejecutor dio un paso al frente con la cuerda, las llamas fueron encendidas y quemaron al hombre, por lo que se le negó a Grandier este último alivio para su agonía y fue lanzado aún vivo a las llamas.

Aparentemente, una parvada de palomas voló alrededor de la hoguera una y otra vez, y no podía ser despejada ni siquiera por los arqueros. Mientras que los hugonotes que apoyaban a Grandier dijeron que esto era evidencia del Espíritu Santo que demostraba su inocencia, los acusadores dijeron que las aves eran demonios.

Aun así, las posesiones continuaron y también los exorcismos. Se volvieron algo así como una atracción turística, ya que los espectadores esperaban ver a las monjas haciendo cabriolas por ahí, caminando sobre las manos, levantando sus faldas y actuando de forma lasciva. Grandier fue ejecutado en 1634, y los exorcismos continuarán hasta 1637, cuando Jeanne por fin fue declarada libre de los demonios que la poseían.

El abate Lactance, quien ayudaba a las mujeres poseídas, se dijo que él mismo había sido víctima de la posesión un tiempo después. Primero, el carruaje en el que se encontraba se volteó en un camino liso y luego experimentó la mayor agitación por parte de los demonios, quienes a veces lo privaban de la vista y a veces de la memoria; le producían ataques violentos de náuseas, le adormecían la inteligencia y lo preocupaban de muchas maneras.

El Padre Tranquille, el exorcista, sufrió un destino que se dice que fue similar, pero suena bastante diferente en todos los aspectos excepto en la causa putativa, los demonios: "lo aventaban al suelo, maldecían y perjuraban a través de su boca, hacían que sacara su lengua y siseara como una serpiente, llenaban su mente de oscuridad, parecía que estrujaban su corazón y lo abrumaban con cientos de tormentos diferentes". El cirujano que descubrió las marcas del diablo en Grandier tuvo visiones de él antes de morir. Estuvo acostado en cama por días, temblando y aparentemente loco, hablando con Grandier, a quien creía ver frente a su cama. Los que apoyaban a Grandier vieron esto como resultado de la culpa de lo que había hecho con pleno conocimiento.

Jeanne des Anges fue la única con suerte. Después de continuos exorcismos realizados por el abate Surin, ella fue liberada de los demonios y en su lugar se vio poseída por espíritus benevolentes. En su última sesión, él exigió que el espíritu poseedor la dejara y que escribiera el nombre de la Virgen en su brazo. Ella sostuvo su brazo en alto para mostrar el nombre "María" escrito claramente. Su liberación fue celebrada con un *Te Deum*.

Pero Surin no tuvo tanta suerte.

Él también se vio acosado por los exorcismos al final, en efecto, él había ofrecido su propio espíritu para expiar el sacrilegio que había presenciado en Loudun. Conforme Jeanne mejoraba, él empeoraba. En un periodo de 20 años, periódicamente fue incapaz de comer, de vestirse, de caminar, leer, escribir o rezar, y no tuvo éxito en su intento de suicidio al arrojarse de una ventana. Sin embargo, cuando era tiempo de predicar, sus contemporáneos dicen que estaba divinamente inspirado y que sus palabras flotaban, aún cuando no había sido capaz de prepararse. Se recuperó 8 años antes de su muerte en 1665.

5

Espíritus de la ola

El 11 de marzo de 2011, un terremoto sacudió la costa de Tohoku, Japón, causando un enorme tsunami que arrasó con la costa, destruyendo edificios y estructuras hasta 10 kilómetros tierra adentro. Murieron alrededor de 16,000 personas y otras 2,500 fueron reportadas desaparecidas. Para los japoneses, con sus fuertes creencias en los espíritus ancestrales y la relación entre los vivos y los muertos, esos muertos representaban un flujo catastrófico de *gaki*, o espíritus hambrientos, espíritus de los muertos que han sido arrancados severamente de sus relaciones con los vivos por una muerte repentina, sin funeral o por la destrucción o negligencia de sus santuarios.

. . .

Existen muchas caras de la creencia, pero los rasgos esenciales son bastante consistentes.

Una persona que ha muerto todavía se trata como un miembro de la familia; se venderán su recuerdo con un *butsudan* (un altar en el hogar) y con un *ihai* (una tablilla conmemorativa). Se deslizan lentamente hacia el pasado siempre y cuando todo se realice de forma correcta, con el debido respeto y reverencia. Pero el tsunami destruyó familias enteras, sin dejar a nadie que velara y venerara a los muertos. Dejó a los vivos confundidos y entumecidos, sin los recursos necesarios para hacer lo que requieren los muertos. Muchas veces no había un cuerpo que enterrar. Incluso las familias que no perdieron a ningún miembro de la familia llegaron a perder los altares a sus ancestros; la destrucción significaba que sus ancestros fallecidos perdían su morada en el mundo de los vivos. Algunas personas incluso murieron en el desastre porque regresaron a sus casas a buscar a su *ihai*, sin querer dejar atrás a sus ancestros fallecidos.

Fue en este contexto de una gran relación entre los vivos y los muertos que el desastre azotó al noreste de Japón.

. . .

Para los sobrevivientes, los espíritus fueron liberados al medio ambiente. Durante varios días, las personas reportaron haber visto fantasmas. No eran solamente los afligidos perturbados quienes decían haber visto los fantasmas de sus seres amados.

Las personas decían haber visto a un vecino fallecido ir a visitar los hogares temporales en el asentamiento de refugiados, que se sentaba en una silla por un momento y luego se iba, dejando la silla mojada con agua de mar.

Una estación de bomberos en Tagajo recibía llamadas que venían de zonas en las que los edificios habían sido destruidos por completo, no podía haber un incendio, no podía haber más desastre. Pero cuando los bomberos acudieron a las ruinas de todas maneras y oraron por los espíritus de los muertos, las llamadas fantasmagóricas se detuvieron. Un conductor de taxi recogió a un pasajero que pidió ir a una dirección que el conductor sabía que había sido destruida; a medio camino de ahí, el hombre desapareció del asiento de atrás; el conductor del taxi continuó hasta la dirección en ruinas y abrió la puerta para el pasajero invisible. Un hombre dijo ver los ojos de los muertos mirándole en los charcos cuando llovía. La Universidad de Tohoku comenzó a catalogar las historias relacionadas con lo que un sacerdote budista escribió sobre "un problema de fantasmas".

Por desgracia, los espíritus no se restringieron a sólo tomar taxis, realizar llamadas falsas o asustar a los vecinos.

Aparentemente, algunos tomaron el cuerpo de los sobrevivientes, llevando a una gran cantidad de reportes de posesiones por los espíritus de los muertos en el tsunami.

El Reverendo Kaneda el sacerdote al cargo en el templo Zen en Kurihara, a unos 50 kilómetros tierra adentro a partir de la costa en la que azotó el tsunami, pero él mantuvo un contacto directo con los familiares de los muertos e incluso con aquellos que parecían estar poseídos por los espíritus de las víctimas. Él le dijo al periodista Richard Lloyd Parry sobre dos casos de aparente posesión con los que tuvo que lidiar.

Uno fue un hombre, un constructor, que no fue personalmente afectado por el desastre y que le costaba trabajo aceptar la realidad. Él y su esposa habían manejado hasta la costa para ver la devastación por ellos mismos, pero se volvió una excursión siniestra. Él había colocado una señal en su auto diciendo que era un auto que acudía en caso de desastres, para que así pudiera pasar sin problemas. Regresaron a casa bien despiertos por lo que habían visto.

Esa noche, la familia comió su cena de forma normal, pero él estaba muy lejos de lo normal después de eso.

De acuerdo con su esposa, él no tenía recuerdos de lo que había pasado, él se había puesto en cuatro patas y comenzó a gruñir y a lamer el piso, haciendo ruidos como una bestia y luego diciendo "Debes morir. Ustedes deben morir. Todos deben morir. Todo debe morir y perderse".

Luego corrió a un campo frente a su casa y se puso a girar en el lodo, como si hubiera sido revolcado en el mar, gritando "¡Ahí, ahí! ¡Todos están ahí, mira!". Eventualmente, su esposa lo llevó arrastrando de regreso a la casa, donde continuó gritando hasta la mañana siguiente.

. . .

Luego se quejó de que algo lo estaba presionando y se desmayó.

La siguiente noche él veía pasar figuras frente a la casa: padres e hijos, un hombre viejo con un niño, un grupo de amigos, todos cubiertos de lodo. Él dijo que se le habían quedado mirando, pero no tenía miedo, solamente estaba confundido por sus ropas enlodadas. Al día siguiente él estaba muy cansado después de un sueño irregular, tambaleándose por la casa gruñéndole a su esposa.

"¡Muere!" le dijo, "Todos los demás están muertos, ¡así que muere!". Su esposa lo llevó al templo, donde Kaneda tocó un tambor y recitó el Sutra del corazón sobre él. Al final, Kaneda rocío su cuerpo con agua bendita y él recuperó el sentido y se sintió más tranquilo. Su nariz se sentía algo constipada y en el camino de regreso a casa, le salió una gelatina rosa brillante de la nariz.

Después de hablar con Kaneda, él creía que su visita poco seria a la costa devastada había enfurecido a los fantasmas de aquellos que habían muerto tan recientemente y de forma tan traumática. No se había acercado a la escena con el debido respeto. Como resultado, él había sido invadido por los espíritus no sólo de las víctimas humanas, sino también por algunos animales muertos en el tsunami, razón por la cual gruñía y se revolcaba en el lodo como un perro.

Kaneda también contó la historia de una enfermera de 25 años de edad que había acudido a él. Primero había llamado por teléfono, muy preocupada, diciendo que quería suicidarse y que cosas extrañas estaban entrando en ella. Su madre y su prometido la llevaron al templo. Su prometido dijo que ella se había quejado repetidamente de algo que la empujaba de un lugar bajo ella y que la presencia de los muertos se desbordaba alrededor de ella. Así como han hecho los exorcistas en occidente por siglos, Kaneda habló con lo que sea que la estaba poseyendo, preguntando quién era y qué quería. El espíritu despertó con una extraña voz, no la voz de la mujer, y siguió hablando por tres horas. Resultó que en el espíritu de una mujer que se había suicidado. Su Madre se había vuelto a casar y ella, sintiéndose indeseada, había huido para trabajar en el "negocio del agua", un mundo oscuro de clubs y prostitución. Ella fue víctima de un hombre desagradable y manipulador, y cuando ella se suicidó nadie había rezado por su muerte o encendido incienso en su honor. Kaneda instó al espíritu a ir hacia la luz, a dejar a la joven mujer y le roció agua bendita. Recitó unos sutras para ella. Al fin, la enfermera recuperó el sentido cuando el espíritu se fue.

Pero no fue lo último que Kaneda supo de ella. Ella regresó tres días después, al ser poseída por otro espíritu. En esta ocasión, ella se quejaba de dolor en su pierna izquierda, y cuando Kaneda la alentó a dejar de pelear en contra del espíritu y que lo dejara entrar, este habló con la voz gruñona de un viejo marinero. El espíritu dijo ser un oficial naval, asesinado durante la Segunda Guerra Mundial después de haber sido lesionado en la pierna.

Una vez más, Kaneda liberó a la enfermedad del espíritu que la poseía.

Esto siguió por varios meses. Todos los espíritus tenían cierta conexión con el agua, aunque no todos estaban relacionados con el tsunami. Entre estos se encontraba un hombre de mediana edad que estaba llamando desesperadamente a su hija, Kaori. Cuando sucedió el terremoto, él había conducido hasta su escuela en la costa para salvarla, pero se había ahogado. Cuando Kaneda le preguntó dónde se encontraba, el espíritu le contestó que se encontraba en el fondo del mar y que hacía mucho frío. Otro hombre había cometido suicidio después de que sus dos hijas hubieran muerto en el tsunami. Y otro, quien se había ahogado, estaba preocupado por su viuda que era infeliz, viviendo sola en una cabaña de metal y que guardaba una cuerda en una caja de zapatos, por lo que tenía miedo de que llegara a usarla para ahorcarse.

Kaneda ayudó pacientemente a cada uno de los espíritus a llegar a la luz, a veces más de uno cada noche. Tan pronto como la enfermera regresaba al trabajo, ella sentía que los muertos la presionaban otra vez y que estaba poseída tan solo unos días después.

En cierta ocasión, ella acudió a Kaneda quejándose de que estaba rodeada de perros y quejándose ruidosamente de que no quería estar poseída por un perro. Al final, ella cedió. Tres hombres intentaron mantenerla en el piso mientras el espíritu del perro tomaba su cuerpo, pero no pudieron controlarla. Ella gruñía y golpeaba el suelo mientras Kaneda leía los sutras.

Cuando se fue el espíritu del perro, ella reveló que era el fantasma de un perro que había muerto en Fukushima. El reactor nuclear en la estación de energía eléctrica había sido dañado por el terremoto y había liberado radiactividad en el área circundante, lo que llevó a una evacuación. El perro había sido abandonado encadenado y murió de hambre y sed. Ella reveló que las personas en trajes especiales se habían asomado a la casa del perro y habían visto su cadáver.

Eventualmente, la mujer aprendió algo de control y resistencia. Aunque todavía percibe a los espíritus, ellos ya no la pueden molestar y poseer en contra de su voluntad.

Pero Kaneda se sintió aliviado, comprensiblemente, cuando ella y su prometido se mudaron lejos de la zona.

6

Josué Velázquez en "La mano peluda"

Este es uno de los casos más escalofriantes del popular programa de radio "La mano peluda". Juan Ramón Saenz, locutor del programa, entrevistó a Josué Velázquez en 2002, quien relató que estaba intentando invocar a un demonio para obtener grandes riquezas. Si el lector aún no conoce esta historia, sepa que es uno de los episodios más escalofriantes que llegaron a escucharse en todo el país mexicano.

Josué Velázquez llamó por teléfono a la radiodifusora para contar estos hechos. El joven pasó cinco años tratando de entrar en contacto con un demonio, ayudado de un libro de brujería. Esto se debía a que su familia se quedó sin dinero y les costaba trabajo encontrar fuentes de ingresos que les sirvieran para sustentarse.

Sin embargo, cada vez parecía más difícil. Josué hizo todo lo que pudo, hasta que se le ocurrió la idea de vender su alma al demonio.

Después de investigar, Josué, de 16 años, decidió que quería invocar a Lucifugo Rofocale, quien, según decía su libro de brujería, ayuda a saber dónde encontrar riquezas y la persona que lo invoca puede sobrepasar la casualidad y la suerte, aunque también puede difundir enfermedades y enfermedades si el invocador se lo pide.

Josué pasó meses intentando invocarlo, hasta que una noche se le aparecen tres sombras que le dicen que requerían el alma de un ser querido si es que quería riquezas y poder. Josué les reclamó, puesto que él hacía todo eso para ayudar a su familia, no para afectarla. Los demonios le dijeron que tenía hasta la siguiente luna llena para matar a uno de sus familiares "o eso le iba a pesar" y desaparecieron.

. . .

Josué le contó a Juan Ramon, el locutor, que en ese momento no sabía qué hacer y se dio cuenta de que sólo quedaban dos noches para la luna llena, así que debía tomar una decisión. No fue fácil, pero escogió a su abuelita.

Josué pensó, "a mis hermanitos no porque los quiero mucho, a mi mamá tampoco porque ella me dio la vida… ya sé, a mi abuelita, al fin, ella ya vivió".

El joven narró en la radio que durmió a su abuela con cloroformo y luego la asfixió. A partir de ese momento, la historia se vuelve un poco más siniestra. Josué tenía que escribir en la piel de la espalda de su abuela, con algún objeto punzante, la petición.

Al día siguiente, llegaron los peritos para hacer los trámites de la defunción, las huellas del crimen desaparecieron misteriosamente, por lo que parecía una muerte natural. Gracias a este sacrificio, Lucifugo le regaló a Josué el anillo de Salomón, anillo mítico realizado con ayuda de un arcángel, y le dijo que con él podía controlar a todos los demonios o mínimo a los 72 que fueron documentados. Cuenta la leyenda, que ese anillo le dio poderes sobrenaturales a Salomón y que pudo controlar a todos los espíritus, fueron los demonios quienes le brindaron la sabiduría necesaria para construir el templo de Jerusalén; luego de esa hazaña, encerró a los demonios.

En cuanto recibió el anillo, Josué empezó a recibir dinero y así pudo seguir con sus estudios.

También empezó a tener más oportunidades y se ampliaron sus conocimientos. Por otra parte, también tenía repentinos impulsos de hacer cosas malas y sufría ataques en los que su cuerpo temblaba y se quedaba sin aire. Así pues, eventualmente pudo acabar sus estudios, se graduó de biólogo y se mudó de casa para vivir solo.

Terminó su maestría y doctorado y luego fundó una empresa en California. En su nueva vida en Estados Unidos, siguió acudiendo a reuniones satánicas donde pudo conocer a prominentes figuras políticas. Todo esto a sus 20 años. Se podía decir que lo tenía todo, menos tranquilidad mental.

Sin embargo, una de las condiciones era que el día que ganaba el dinero, tenía que gastarlo todo ese mismo día o desaparecía. Igualmente, no podía donarlo, regalarlo o ofrecerlo a la caridad.

. . .

A pesar de tener muchas riquezas, poco a poco perdió a sus amigos y se distanció de sus familiares. Así, cayó en depresión. Fue entonces cuando marcó al programa de radio mexicano para pedir consejos.

Para Juan Ramón, el locutor, esta historia era una de tantas, pero conforme entrevistaba al muchacho, se podía notar cómo cambiaba el ambiente. Él mismo cuenta que en la cabina comenzó a sentirse cada vez más frío.

En vivo, durante la llamada telefónica, Josué dice que hay un ente que se aproxima a él en ese momento y se puede escuchar el miedo en su voz, su tono se agudiza y se le amontonan las palabras. A pesar de ser algo común para él, todavía sentía miedo. Juan Ramón le pregunta qué es lo que ve y Josué le contesta que ve a una mujer que flota, con una enorme boca y lengua de serpiente, "ahora está enfrente de mí y trae algo en la mano, trae una cruz invertida con un ojo en el centro. Lo que me preocupa es que me dijeron que, cuando viera esto, me iba a morir" y se escucha que empieza a llorar.

. . .

Juan Ramón, durante la pausa del programa, aprovechó para comunicarse con un experto en el tema, el pastor Roberto Guaso, quien le aconsejó invocar a Dios y abrir la Biblia. Juan Ramón se lo dijo a Josué, pero él no podía abrir la Biblia, decía que estaba como pegada. Agregó que el ente estaba en su cuarto y que ya lo había visitado la semana anterior y que lo había golpeado. Dijo tener miedo de que volviera a suceder.

Para ese momento, Josué dice que ya hay tres entes en su habitación y que lo están golpeando.

En la grabación se pueden escuchar las voces detrás de Josué, mientras el pastor le está diciendo que rece con él.

El pastor le pide que ponga en la radio una estación cristiana para que se escuchen las alabanzas y que se ponga "el casco de la salvación".

. . .

Mientras tanto, Juan Ramón cuenta que, en la cabina, la página de la Biblia que estaban leyendo, del Salmo 91, comenzó a enrollarse y desenrollarse sola, así como también una laptop que echó chispas y se apagó. La llamada telefónica terminó, no sin antes decirle a Josué que le volverían a marcar.

Juan Ramón volvió a marcar y contestaron unos empleados de Josué, quienes les informaron que su jefe había estado en un accidente durante el fin de semana. Aparentemente, lo habían golpeado brutalmente y le habían enterrado un crucifijo en el abdomen. Juan Ramón pudo contactar a Josué dos semanas después, quien estaba en el hospital.

Durante esa llamada, Josué contó lo que pasó. Los seres que lo golpearon mientras estaban orando en la llamada telefónica, volvieron poco después y destrozaron todo lo que estaba en su cuarto, los muebles salían volando por el cuarto, los espejos y los focos estallaron, hasta que una sombra se le apareció y le dijo, "te lo advertimos, hijo de puta. Ahora vas a recibir tu castigo y te vas a pudrir en los infiernos". Fue entonces cuando la figura, un poderoso demonio, agarró el crucifijo, que la abuela le había regalado a Josué hace mucho, y se lo enteró en el estómago con fuerza. Eso le causó una hemorragia interna y perdió el conocimiento, hasta que por fin despertó en el hospital.

Juan Ramón le llamó por teléfono unos días después, pero Josué no contestaba. No fue sino hasta dos meses después que Juan Ramón, preocupado por el muchacho, fue a Los Ángeles a buscarlo. Sabía la calle en la que vivía, pero preguntó a algunas personas para dar con la dirección específica. Sin embargo, esas personas le decían que no fuera, que ahí sólo vivía gente mala y que la casa estaba embrujada.

La casa denotaba un propietario con cierta riqueza.

Juan Ramón tocó la puerta y le abrió un hombre alto, delgado y de piel blanca, con mirada extraña. El hombre también cargaba a un gato negro. Del interior de la casa emanaba un olor como de heces. Juan Ramón explicó que estaba buscando a Josué y que estaba preocupado por él, preguntó si se encontraba en casa, pero el hombre sólo negó con la cabeza y le cerró la puerta en las narices.

. . .

Dos días después, al no tener éxito encontrando a Josué, Juan Ramón volvió a México. Dos semanas después, Josué lo contactó por teléfono. Juan Ramón le contó lo que había sucedido, a lo que el joven le contestó que su casa estaba vacía, que no debía haber nadie en ese momento, y menos con esa apariencia, que no coincidía con ningún conocido o trabajador de Josué.

Nueve años después, en el 2010, Juan Ramón y Josué se verían una última vez a causa de una entrevista para un programa de una televisora mexicana. Josué accedió a la entrevista con ese programa poniendo dos condiciones, la primera era que estuviera presente Juan Ramón y la segunda que se realizara en una embarcación en el agua para que los demonios no hirieran al equipo, ya que no les gusta el agua.

En la entrevista, en la que nunca se ve el rostro de Josué, pero sí se ve que carga con un amuleto o algo similar, se habla de lo que pasó en el programa de radio y de lo que fue su vida después de eso. Ahí también se ve que lo atacan temblores repentinos y se aferra a su amuleto. En cierto momento, Juan Ramón se empieza a sentir muy mal del estómago y al día siguiente lo internan en el hospital por peritonitis. Los médicos dijeron que la causa fue una bacteria que lo infectó de forma generalizada. A los pocos días murió.

Muchas personas dijeron que la enfermedad fue causada por Lucifugo, quien se dice controla enfermedades, otros dicen que Josué hizo otro pacto para que fuera Juan Ramón quien muriera, y no él. Esa misma semana, el camarógrafo de la entrevista también fue hospitalizado y operado por afectaciones en el estómago. El reportero sufrió un accidente automovilístico y también fue hospitalizado, quedó paralítico por varios meses a causa de eso.

El padre que habló durante la entrevista de radio murió poco después del fallecimiento de Juan Ramón.

A pesar de varios intentos de otras personas para desacreditar y probar la falsedad del caso, nadie lo ha logrado.

7

La bestia desbocada

CHARLES GILLIAM ERA un hombre de muchos terribles secretos. Aquellos que trabajaron juntos a él decían que era una persona inteligente y un empleado consciente que se tomaba su trabajo como vendedor muy en serio. Para familiares y amigos, él era un amoroso hombre de familia que tenía a su esposa e hijos en muy alta estima. Pero Gilliam los había engañado a todos. Detrás de esa fachada de buen hombre se escondía un depravado y peligroso ser que haría cualquier cosa por su dios con pezuñas y cuernos, incluso dañar a sus propios hijos.

Gillian era un satanista practicante. A su esposa trabajaba por las noches, lo que lo dejaba solo con sus dos hijos y le permitía participar en terribles rituales satánicos con su secta.

Los hijos de Gilliam no solamente eran víctimas de acoso sexual en esas reuniones, sino que también eran obligados a ver los asesinatos ritualistas de pequeños animales. Cuando la esposa de Gilliam llegó a casa temprano una noche y lo descubrió en el acto, la secta se separó y la policía se involucró. Durante la siguiente investigación, los detectives descubrieron algo sorprendente. La secta supuestamente había sacrificado a un bebé humano. Aunque la policía descubrió la caja en la que supuestamente había sido enterrado, no pudieron encontrar el cuerpo mismo. Gillian evadió el cargo de asesinato, pero no de abuso infantil, y fue sentenciado a muchos años en prisión.

Puede ser que los secretos de Gilliam hayan sido expuestos, pero algo terrible y malvado permaneció escondido en la casa. Una entidad antigua y cruel, convocada por la maldad de hombres tontos, esperaba pacientemente a que llegara su momento para actuar. Solamente tenía que esperar a la presa indicada.

La familia McGrath amaba a su nueva casa. Eran muchos miembros de la familia y la casa de colonial encantadora en una tranquila calle de Washington D.C., parecía perfecta para sus necesidades. Pero la tragedia llegó unos cuantos días después de que se mudaran. Franks, padre de tres adolescentes y esposo de Judy, descubrió que tenía un cáncer que no se podía operar.

Murió un mes después. La familia estaba devastada, pero las niñas y Judy sabían que tenían que seguir adelante con sus vidas. El año siguiente, Judy consiguió un puesto de gerente de hotel y comenzó una nueva relación romántica. Las tres adolescentes, Ellie, Lisa y Katie, se adaptaron bien a la escuela e hicieron nuevos amigos. La sobrina de Judy, Aubrey, se mudó con ellas. Todo parecía ir bien para la familia cuando, de repente, un horror inimaginable cambió sus vidas para siempre.

Ellie, la hija de 17 años, fue la primera víctima. Su habitación estaba en el sótano, un gran espacio que estaba dividido en varias habitaciones, incluyendo un área para ver televisión y un bar. A Ellie le gustaba el sentido de independencia que le daba su habitación. Pero una noche, días antes de Navidad, ella hubiera dado todo para no estar sola. Ella estaba durmiendo cuando despertó violentamente por un ruido de golpeteo en su mesa de noche. Eran tres golpes violentos seguidos de rápidos golpecitos, y se repetía una y otra vez. Ellie tenía mucho miedo de ver qué sucedía, ella creía que alguien había entrado a la casa y que estaba a punto de matarla.

Repentinamente, el golpeteo se detuvo y Ellie sentía la presencia de alguien o algo justo al lado de su cabeza, respirando pesadamente en su oído. Su respiración era repulsiva y tenía una voz rasposa y arcaica que decía "te quiero hacer el amor". Llevada por el miedo, Ellie corrió hacia a la habitación de su madre. Mientras corría llena de pánico, ella pudo darse cuenta de una cosa: no había nadie en su habitación.

Judy trató de calmar a su hija diciendo que sólo era una pesadilla, pero Ellie insistió en que era algo real, algo con inteligencia y malicia, que había estado con ella esa noche. Judy se lo atribuyó a la imaginación salvaje de una adolescente y lo dejó pasar, hasta que, meses después, ella misma sufrió su propia noche de terror.

Ella estaba dormida cuando la despertó una respiración pesada en su oído. Ella intentó moverse, pero no pudo, intentó gritar y tampoco pudo. La presencia a su lado emanaba pura maldad y Judy pensó que seguramente iba a matarla. Luego, a pesar de estar físicamente paralizada, ella sintió que caía y caía, su mente llamando a Dios para que la ayudara. La sensación de caída se detuvo y, de repente, Judy estaba en la sala. Pero algo no estaba bien.

Los muebles se veían transparentes y nebulosos, las paredes brillaban con los rostros de sus hijas. Judy se movió a la cocina y agarró el teléfono. Marcó el número de su madre, pero le contestó una voz masculina. La voz era de Frank, su esposo muerto. Judy gritó y luego apareció de nuevo en su cama.

La experiencia extracorporal de Judy marcó el inicio de un sádico reino del terror que dejó a las McGrath cuestionando su propia salud mental y temiendo por sus vidas.

Frecuentemente se escuchaban pasos ruidosos en el sótano y solían anunciar un terrible evento que estaba por suceder. Un bebé llorando era otro ruido perturbador que se solía escuchar, así como el ruido de un animal gruñendo. Se veían sombras como de humanos y masas negras que flotaban en los pasillos y atravesaban puertas y paredes. Una noche, el novio de Judy, Doug, que ahora vivía con la familia, dijo haber escuchado llantos en la habitación de Lisa. Fue a ver qué sucedía, pero no había nadie en la habitación. Sin embargo, sobre la cama de Lisa había una muñeca de plástico con lágrimas en el rostro. Esa muñeca no habría sido fabricada para hacer ruido o llorar.

Otra noche, Doug se levantó al baño y se sorprendió al ver lo que describió como un "monstruo" de pelaje áspero pegado en todo su cuerpo agazapado en el pasillo. Él se quedó viendo asombrado como esa cosa desaparecía lentamente frente a sus ojos.

Con el tiempo, los ataques aumentaron en frecuencia y violencia. Un domingo después de misa, Judy y sus hijas y una amiga, Rachel, se reunieron en la sala de la casa para hacer unas oraciones especiales que el ministro de Judy había recomendado. Conforme estaban rezando, la más joven, Katie, de repente se quejó de que su estómago ardía como si estuviera en llamas. Ella levantó su playera y en la piel de su abdomen se veía una marca fresca de rasguño. Con renovado fervor, el grupo siguió rezando, pero se detuvieron cuando Katie volvió a gritar, "¡Mamá, mi cara!". Mientras las demás miraban, unas tres líneas rojas como de rasguños aparecieron en la mejilla de Katie. Un momento después, Rachel gritó mientras aparecían marcas de rasguños en su rostro, cuello y brazos. Para Judy, era obvio que las oraciones habían enfurecido a la presencia que estaba en la casa y rápidamente separó al grupo.

Al día siguiente, la sobrina de Judy fue atacada por el mismo demonio de garras.

La había rasguñado tan feo en la cara y en los brazos que incluso ella había salido sangre. Judy sabía que tenía que hacer algo, así que llevó a su familia a casa de su hermano. Pero, como descubrió rápidamente, dejar la casa no las ponía más a salvo. "Eso nos siguió", recuerda Judy, "y las niñas fueron atacadas otra vez". Judy miró con horror mientras algo rasguñaba el rostro de Katie. Ni siquiera acurrucándose para proteger a las niñas se detuvo el ataque.

Sintiéndose derrotada y asustada, especialmente ahora que sabía que no había ni un lugar seguro, regresaron a casa al día siguiente. Ahí descubrieron que había más horrores esperándolos.

. . .

Tuvo como objetivo a Katie otra vez. La niña dijo sus buenas noches y entró a su habitación cuando algo la detuvo en seco, su mente no comprendía por completo lo que estaba viendo. En su cama reposaba una bestia monstruosa y peluda, "como Pie grande", según describió después. Habló dentro de su mente, diciendo las cosas más viles y vulgares. Sosteniendo su gigante apéndice masculino en una mano, le dijo que la iba a violar y a matar de esa misma noche. Luego rugió con una risa perversa y se desvaneció en un abrir y cerrar de ojos.

Katie corrió hasta su madre en un estado de histeria.

Conforme Judy escuchaba sorprendida la horrible historia que contaba su hija, la invadió una sensación de desesperación e impotencia. Pero también estaba enojada. Ella entró a la habitación de Keith y gritó, "¡Por favor, te ruego como madre, no te lleves a mis hijos esta noche! ¡Cualquier cosa maldita que seas, no lastimes a mi hija, lastímame a mi si tienes que hacerlo!". La respuesta fue una risa retumbante y burlona que sacudió a toda la casa.

. . .

Sin saber qué más hacer, Judy le llamó al ministro bautista que le había dado las oraciones anteriores.

Disculpándose, le dijo que las cosas habían escalado más allá de su poder y que necesitaba llamara a un sacerdote católico para realizar un exorcismo. Eligiendo el primero de la guía telefónica, Judy llamó y explicó todo lo que estaba sucediendo: los pasos, los llantos, los gruñidos, lo rasguños y, ahora, las amenazas lascivas. El sacerdote escuchó y luego le dio una respuesta devastadora y despiadada. Le dijo que tal vez esa era la forma de Dios para hacer que volviera a la iglesia. Dicho eso, colgó.

Judy se quedó viendo al teléfono, sorprendida y con miedo. Si incluso un hombre de Dios no ayudaría a su familia, entonces ¿quién? Agarrando el teléfono con más fuerza, ella llamó a su último recurso, su madre. "Ya sé que casi es medianoche, pero tenemos que ir para allá. Es una emergencia". Tan pronto como dijo estas palabras, el llanto angustiante de un bebé inundó el aire, seguido de más risas horribles. La Madre de Judy, Bárbara, iba a preguntarle qué estaba pasando cuando el cigarrillo que fumaba salió volando de su boca repentinamente. Mientras ella miraba el cigarrillo salir volando por el aire, escuchó un silbido ensordecedor y el golpe sordo de algo golpeando un costado de la casa. Siguió el ruido de algo chocando y Bárbara vio que su estatua favorita, un ángel, había salido volando de su repisa y estaba en pedazos en el suelo. Un escalofrío extraño la atravesó tres veces.

Barbara dijo que cada una se sintió como un escalofrío de muerte.

Para ese momento, Judy y Bárbara estaban llorando en el teléfono, cada una sintiendo la inmensa tristeza y desesperación de no ser capaz de ayudar a la otra. Por desgracia, el malvado opresor no había terminado. Mientras Judy escuchaba con horror, los gemidos de su madre repentinamente se volvieron jadeos desesperados por aire.

Esa cosa estaba asfixiando a su madre. "No podía respirar", recuerda la mujer mayor, "podía escuchar un rugido en mis oídos y mucho ruido… Creí que iba a morir". Justo cuando pensó que iba a desmayarse, la mano invisible la dejó ir. Cayó sobre su silla y agarró un nuevo cigarrillo con manos temblorosas. Le dijo a Judy que estaba bien, asustada, pero bien.

Judy sabía que no podía llevar a sus hijas con su madre.

Cuando Doug llegó del trabajo una hora después, él, Judy y las niñas se reunieron en una habitación, Doug vigilando la puerta y Judy se acurrucó en la cama con sus hijas y sobrina. A pesar de estar aterrorizados por dentro, se consolaba un poco al saber que eran más. Ya que nada más pasó esa noche, tal vez esa era la clave. ¿Pero qué tanto podían mantenerlo así? No podían hacer todos juntos todo el tiempo.

Durante el siguiente mes, los McGraths volvieron a sus actividades normales. Aunque no corrieron otros ataques o eventos terroríficos, la familia no se relajó por completo.

Veían como estaban frecuentemente y ahora las niñas dormían dos en cada cama.

. . .

Pero su adversario, después de alimentarse del miedo de la familia, ya no podía esperar más.

Un domingo en la mañana a las 3:00 a.m., Lisa y Katie se despertaron por el sonido de unos ruidosos pasos que se acercaban a la puerta. Para su gran alivio, los pasos siguieron de largo por su puerta y avanzaron por el pasillo. Luego se detuvieron frente a la puerta de Elie y Aubrey. Aubrey ya estaba despierta. Ella se había despertado, bañada en sudor y aterrorizada de algo que no podía ver. Ella despertó a su prima. "¡Está en la puerta!", gritó. Las dos niñas miraron con horror mientras la puerta se abría y una gran masa negra se deslizó dentro de la habitación. Esa cosa saltó sobre la cama de agua de las niñas con tanta fuerza que fueron sacudidas como si fuera un barco en una tormenta. Luego, Aubrey sintió que el peso aplastante de esa cosa se apoyaba en su pecho, haciendo que fuera difícil respirar. Ellie le llamó a Judy, quien después recuerda haber corrido por el pasillo le había costado cada gramo de sus fuerzas. Sentía que corría en cámara lenta, sus piernas pesaban como plomo.

Cuando por fin llegó a la habitación, la cual estaba fría como refrigerador, Judy se lanzó sobre la cama y cubrió a las niñas con su propio cuerpo. Por el rabillo del ojo vio una figura oscura pasar por la puerta.

Un momento después, se escucharon gritos que salían del cuarto de Lisa y Katie. Esta vez no era una masa sin forma que se materializaba, sino una bestia peluda, y estaba parada a los pies de la cama de las niñas. Ellas se escondieron bajo las cobijas y Lisa sintió que se arrastraba sobre ella. Mientras estaban congeladas por el miedo e incapaces de moverse o hablar, la bestia gruñó y con una voz masculina y profunda soltó una letanía de todas las cosas sádicas y obscenas que le iba a hacer. Lisa pensó que iba a morir. Justo en ese momento, Judy.

Entró furiosa, sin saber ni importarle lo que era, pero lista para pelear por sus hijas. Por suerte, no tuvo que hacerlo; la bestia se disolvió en una neblina negra y desapareció por la ventana. Aunque odió hacerlo, Judy juntó a todos y manejó hasta la casa de su madre. Por suerte, la familia ya no tuvo más incidentes esa noche. A la mañana siguiente, temiendo por la seguridad de su madre si se quedaban demasiado tiempo, todos volvieron a casa.

. . .

Después de ese incidente, no hubo más ataques físicos a las niñas. Sin embargo, las dos hijas mayores tuvieron que lidiar un nuevo tipo de batalla, una psicológica que las dejó cuestionando su salud mental. Ellie fue la más afectada. Cuando estaba cocinando, la asaltaban unas ansias terribles de agarrar un cuchillo y apuñalar a alguien. Se descubrió fantaseando sobre lastimar a su familia y muchas veces se imaginaba lastimándose a sí misma.

Aubrey lidiaba con una obsesión con sus manos. Se movían por sí mismas, con gestos y en direcciones más allá de su control. Lo más horrible era cuando imaginaba que sus manos se transformaban en garras con las que quería rasguñar y destrozar a las personas. Aubrey describió esos momentos como si se estuviera partiendo en dos, en un lado bueno y en uno malo. Según lo que les dijeron después, estaban experimentando posesiones demoniacas, en las que la malvada entidad aumentaba el miedo, el enojo, el odio y otras emociones negativas, y las usaba para hacer que la persona se cuestionara su valor y su salud.

Al establecer el escenario, el demonio no perdió el tiempo para volver a atacar. Unas semanas después, a medianoche, Katie y Lisa se despertaron ante la horrible sensación de una presencia maligna cercana.

Lisa fingió estar dormida, pero Katie echó un vistazo a la puerta y vio ahí parada a una figura alta en las sombras. Rápidamente se acercó al final de la cama y en un instante estuvo sobre ella. Asfixiaba a Katie con su peso, su masa sin forma filtrándose en cada pliegue de su cuerpo. Katie tenía dificultad para moverse y para respirar, mientras esa cosa la presionaba tan fuerte que creyó que la tiraría de la cama. Después de lo que pareció una eternidad, ella sintió que sus pulmones se liberaron y pudo gritar. Lisa intentó ayudar a su hermana golpeando la cama con su almohada y gritando "¡vete!". Momentos después, Judy llegó, rodeando a las niñas con sus brazos hasta que Katie finalmente pudo hablar y decirles que esa cosa se había ido.

Pero no por mucho. Su terrible deseo de aterrorizar y lastimar a las mujeres McGrath apenas había comenzado.

Unas semanas después, Ellie se despertó por un ruido estruendoso, como si alguien estuviera golpeando las paredes con un martillo. No obstante, nadie más en la casa escuchaba el ruido, ni siquiera su compañera de habitación, Aubrey.

Mientras Ellie se esforzaba para ver en la oscuridad de la habitación, pudo identificar una figura en las sombras de un hombre que la estaba viendo desde los pies de la cama. Inmediatamente supo que lo que sea que fuera de eso, era algo malvado y que quería lastimarla o matarla.

Ella intentó despertar a Aubrey, pero eso estaba sobre ella antes de que pudiera hablar o moverse. Así como lo hizo con Katie, asfixió a Ellie con su cuerpo, pero esta vez entró en el cuerpo de su víctima de una manera dolorosamente sexual. Tan horrible como era la violación física, el ataque mental era peor. Invadió su mente con pensamientos malvados y sucios, "enfermos más allá de lo que se puede creer", como describió ella. Aunque el acto físico sólo duró unos momentos, las visiones en su mente la persiguieron por varios años después.

Aunque Aubrey no sufrió daño alguno durante el asalto nocturno a Ellie, ella se volvió la tercera víctima dos meses después. Tenía la habitación para ella sola, ya que Ellie se había quedado dormida en el sillón viendo la televisión. Ella recuerda haber tenido una noche difícil antes de finalmente decidirse a levantarse por un vaso de leche y despertar a Ellie. Se puso de pie en la orilla de la cama buscando sus pantuflas cuando vio lo que parecía ser un hombre sentado en su silla.

Pero algo no estaba del todo bien con ese hombre. Era oscuro y sin facciones, y su figura seguía cambiando y brillando como un holograma defectuoso. Se rió amenazadoramente y comenzó a tambalearse hacia Aubrey, quien ahora estaba conmocionada por el cambio repentino en sus alrededores. Toda la habitación se había distorsionado, ajustándose a la forma con la que esa cosa caminaba hacia ella. Se sentían desorientada y que iba a caer cuando el "hombre" le empujó hacia la cama. Aunque en su mente ella estaba peleando y resistiéndose, en la realidad estaba indefensa bajo el peso de esa entidad. Ella no podía ver, pero podía oler su aroma rancio y podía sentirlo moviéndose por sus piernas y espalda, empujando su cuerpo hacia el colchón y su cara contra las almohadas. La sodomizó y la dejó sola, llorando y avergonzada.

Judy tuvo suficiente. Si las iglesias locales no querían ayudar a su familia, ella encontraría a alguien que sí.

. . .

Acudió a una serie de documentales de la televisión que reportaban casos reales de cosas paranormales, ovnis, criaturas extrañas y otros fenómenos inexplicables. El programa habló de los McGrath en uno de sus episodios de 30 minutos, pero no pudo ofrecer ninguna ayuda inmediata además de eso.

Judy esperaba que alguien viera su pedido de ayuda.

Meses después, sus oraciones fueron escuchadas. Un productor del programa se puso en contacto con los famosos expertos paranormales Ed y Lorraine Warren, y les pidió que ayudaran con el caso. El productor quería hacer un episodio consecutivo para la familia que incluyera los descubrimientos de los investigadores profesionales. Los Warren estuvieron de acuerdo y se pusieron en contacto con un colega, el oficial de policía de la ciudad de Nueva York Ralph Sarchie para que les ayudara.

Sarchie, que había sido educado en demonología y exorcismos por los Warren y el escritor jesuita el Padre Malachi Martin, había visto el documental y sabía que los McGrath estaban lidiando con un demonio particularmente asqueroso cuyo propósito final era la posesión y/o la muerte de los miembros de la familia.

Los Warren y Sarchie se reunieron con los McGarth una tarde de primavera. Mientras Ed y Lorraine entrevistaban a cada uno de los miembros de la familia, Ralph recorrió la casa para tener una primera impresión. Cuando entró al sótano, una fuerte sensación de miedo lo invadió y lo hizo detenerse al instante.

Luego supo que esa era la parte de la casa que utilizaban Gilliam y sus compañeros satánicos para sus horribles rituales. Rápidamente regresó escaleras arriba.

Mientras volvía hacia la cocina, algo le llamó la atención.

Deslizándose por las puertas dobles que llevaban del comedor al patio había una masa negra sin forma. Ralph ya había visto esas manifestaciones antes en su trabajo, y después de verla pasar a través de la pared exterior, la siguió al patio donde, por supuesto, no había nada.

. . .

Ralph se reunió con los otros y escuchó los terribles hechos que todos habían experimentado los últimos años.

Judy terminó la entrevista con su propio ataque nocturno en solitario. Ella había ocultado el incidente para sí misma, pero al escuchar a sus hijas y sobrina contar sus horribles y muy personales testimonios, ella se sintió obligada a hacerlo. Sucedió una tarde en la que estaba inusualmente cansada y se fue a dormir temprano.

Apenas se estaba quedando dormida cuando se despertó al sentir una presencia en su habitación. Mientras enfocaba su mirada, ella no podía creer lo que veía. Un enorme en monstruo peludo la estaba viendo. Estaba de pie como un ser humano, pero tenían unos brazos muy largos. En vez de dedos, tenía unas enormes manos que terminaban en unas garras amenazadoras. "¡Es una bestia!", pensó Judy. Ella le gritó "¡Aléjate de mí!". Pero esa cosa estuvo sobre ella en un instante, asfixiándola con su cuerpo. Un terrible gruñido llenó la habitación y Judy se sintió vibraciones en toda su columna. Luego sintió que la bestia entraba en ella. El dolor era tan horrible que ella esperaba desmayarse. Menos mal, el ataque terminó rápido y, tan misteriosamente como apareció, la bestia desapareció.

Los Warrens y Ralph le explicaron a la familia que estaban lidiando con un íncubo, un demonio particularmente vil que aterrorizaba sexualmente a sus víctimas.

Aunque los demonios no tienen género, pueden tomar una forma masculina o femenina para violar a sus víctimas. Si el demonio toma la forma de un hombre, se llama íncubo.

La versión femenina se llama súcubo. Aunque no tienen placer en el acto sexual, se excitan con el terror, la humillación y la degradación que le provocan a su víctima. Las leyendas sobre este tipo de demonios se remontan a épocas muy antiguas, los escritos más antiguos que hacen referencia a estos seres fueron escritos en Mesopotamia, 2,400 A.C. Los teólogos cristianos Agustín y Aquino escribieron sobre ellos, al igual que el rey Jacobo en su *Daemonologie*. Han aparecido en todas las culturas y en todas las religiones. Suelen presentarse a sí mismos como hombres increíblemente atractivos cuando comienzan a seducir a sus víctimas. Pero, en otras ocasiones, como en el caso de los McGrath, simplemente quieren abrumar con violencia y terror, manifestándose como las criaturas de pesadillas que son. Dada la perversa naturaleza de los crímenes cometidos en esa casa, el abuso a los niños, no era ninguna sorpresa que un demonio desbocado con lujuria fuera atraído a esa escena. Ya era tiempo de terminar con su reino del terror y expulsarlo para siempre.

Ed y Lorraine reunieron a toda la familia en una habitación y se quedaron con ellos mientras Ralph realizaba un exorcismo en la casa. Yendo de habitación en habitación, Ralph quemaba incienso bendito y rociaba agua bendita en todas partes.

Después, mientras sostenía con fuerza a una rendición de la verdadera cruz de Cristo en su mano, recitó las oraciones del ritual de la Iglesia, sus ojos y sus otros sentidos muy alertas ante la actividad demoniaca. Ralph nunca había sido menos o para expresar sus creencias religiosas, las cuales se basaban en el tradicional catolicismo romano. Él creía que la fe, la virtud y la gracia eran necesarias para tener éxito en "el Trabajo", investigando los casos de posesión y opresión demoniaca, así como ayudando y realizando exorcismos. Estas creencias lo ayudaron las siguientes horas, cuando, finalmente, cerca de medianoche, diez horas después de haber pisado por primera vez la casa de los McGrath, cerró su libro de oraciones y puso atención al silencio. Estaba sorprendido de que el demonio no se manifestará a sí mismo de alguna manera durante el ritual, pero también estaba aliviado de haberse librado de eso. Su único susto fue cuando el refrigerador se encendió inesperadamente con un sonido ruidoso mientras estaba parado en la puerta de la cocina. Según recuerda, envejeció 10 años en ese solo segundo. Aunque no había rastros del demonio, solamente el tiempo podía decir si el exorcismo había sido efectivo.

Un año después, Judy llamó a Ed Warren para avisarle, muy feliz, que no había habido problemas después del exorcismo.

Por lo general, en situaciones similares el demonio puede dormirse o irse y volver. No parecía ser el caso. En su versión de la historia, Ralph escribe que la fuerza psicológica de la familia tuvo un papel muy importante en su supervivencia. En vez de permitir que el demonio los separara, ellos se mantuvieron juntos durante los peores momentos. Al compartir sus miedos y emociones, evitaron que los intentos del demonio los llevaran al aislamiento y a la desesperación.

Por desgracia, hay una gran cantidad de desgracias y depravaciones en el mundo que atraen a ese tipo de demonios como moscas a la miel. Aunque, la mayoría de las veces, el ataque es contra alguien que "se lo estaba buscando", siguen existiendo casos de personas inocentes.

Los McGraths tuvieron suerte. Lograron escapar de las garras de un horrible depredador. Por desgracia, hay muchos que todavía no lo logran.

8

El demonio del espejo

POR MUCHO TIEMPO, el folklor sugiere que los demonios y otras entidades paranormales son capaces de utilizar el cristal reflejante de los espejos para viajar entre el reino espiritual y el reino físico. Ya sea una vieja historia, elfos atravesando un espejo desde la tierra de las hadas o historias de duendes apareciendo en la superficie brillante de un espejo, existen muchos mitos de estas cosas en todas las tradiciones ancestrales de los humanos.

Ciertamente parece un elemento muy bueno para una historia sobrenatural antes de dormir, pero nos deja preguntándonos si tiene algo de verdad. Para Alisson Baily, de Xenia, Ohio, es completamente real, ya que experimentó un fenómeno como éstos en persona.

. . .

Alisson era una madre soltera que apenas se había mudado a una gran casa de campo en las afueras de Xenia. Ella esperaba un nuevo comienzo con su hijo de quince años, James, y creía que la casa y la comunidad alrededor serían muy buenos para esto. Pero estaba muy equivocada.

Al inicio, Alisson estaba muy feliz con su enorme y cómoda casa, la cual había conseguido a un precio muy accesible. Pero tan pronto como James entró a la casa, por instinto supo que algo no estaba bien. Simplemente podía sentirlo, parecía haber una presencia ominosa, acechando y esperando, cada pequeño crujir de en las tablas del piso o cualquier sonido en el ático hacía que James saltara de miedo involuntariamente.

Los instintos maternales de Alisson entraron en juego y rápidamente le aseguró a su hijo que solamente una combinación de su imaginación y los nervios de la mudanza. Después de desempacar, ambos dijeron buenas noches y se instalaron en sus nuevas habitaciones para dormir. Esta vez fue el turno de Alisson para tener miedo, porque tan pronto como comenzó a quedarse dormida, ella se despertó asustada por el sonido de pasos en el pasillo. Y no solamente pasos, también podía escuchar un leve susurro.

A pesar de lo que le dijo a su hijo, estar en un nuevo ambiente ya la tenía muy alerta, pero no por el miedo a los fantasmas y a los demonios. Simplemente tenía miedo de los ladrones y otros intrusos vivos. Al tener miedo de que alguien se hubiera metido a su nueva casa, Alisson se levantó y abrió un poco la puerta de su recámara para ver el pasillo, pero no vio a nadie.

Ella continuó mirando a la oscuridad por unos momentos antes de recibir el susto de su vida cuando la puerta del armario del pasillo comenzó a moverse por sí misma. No solamente se abría y se cerraba, ella podía ver claramente cómo se movía la perilla como si una mano invisible la estuviera moviendo. Sintiendo que su corazón estaba a punto de salirse de su pecho, ella recurrió a una técnica que siempre había funcionado en su infancia cuando tenía miedo de un monstruo en el armario: prendió la luz.

Para su alivio, cuando la luz iluminó el pasillo no había ningún ser espeluznante esperando atacarla. Solamente era un armario vacío en el pasillo con unas cuantas cajas apiladas a un lado.

Alisson trató de racionalizar la experiencia tan simple como que su mente privada de sueño estaba sufriendo desvaríos a mitad de la noche, pero, en el fondo, ella sabía lo que había visto él sabía que nunca olvidaría la visión de la perilla moviéndose por sí sola.

Y tampoco es que lo que sea que merodeara en ese pasillo le permitiera olvidarlo. La noche siguiente, Alisson se despertó en la oscuridad de su habitación y vio una figura oscura en la esquina. En esta ocasión, los ladrones eran lo último en lo que pensaba, porque instintivamente sabía que lo que veía no era humano. La silueta era la de una figura humana con una cabeza, dos brazos y dos piernas, pero definitivamente no era un ser humano de carne y hueso. Solamente era una sombra negra, que de alguna manera parecía ser más oscura que las sombras de su cuarto.

Tan pronto como la presencia demoniaca se dio cuenta de que Alisson la estaba viendo, salió disparada por la puerta hacia el pasillo a una gran velocidad. Cuando pasó frente al espejo de la mesa de noche, el espejo explotó en miles de pedazos. Alisson estaba en shock, pero se levantó, encendió todas las luces de la casa y fue a revisar que su hijo estuviera bien. Para su gran alivio, él estaba bien.

Alisson colapso en el sillón de la sala y se quedó ahí en un estado de tremendo shock hasta la mañana siguiente. Tan pronto como salió el sol, buscó en el directorio y llamó a un médium local. Le explicó su situación desesperada y la persona se lo tomó muy en serio.

Diciendo que tenía algo de experiencia con este tipo de cosas, la médium le informó que creía que una entidad malvada o demoniaca había entrado a su casa a través del espejo. No sólo eso, la entidad aparentemente había cerrado el portal interdimensional después de entrar, como lo indicaba el espejo roto. Esto significaba que este demonio tenía toda la intención de quedarse. Por supuesto, esto no era nada bueno para Alisson, quien ya tenía miedo, pero se sintió ligeramente aliviada cuando la médium accedió a ir a la casa tan pronto como pudiera para revisarla.

. . .

Por desgracia, no fue lo suficientemente pronto, ya que, esa misma noche, mientras Alisson estaba en el sillón viendo televisión por la noche e intentando tranquilizar sus alterados nervios, repentinamente sintió un peso misterioso sobre ella. Al inicio era ligero, pero rápidamente se volvió más pesado, hasta que sintió como si tuviera una cobija de plomo sobre su cuerpo, presionándola contra el sofá.

Justo cuando sintió que se iba a asfixiar por esa fuerza, repentinamente se detuvo, como si nunca hubiera estado ahí. Alisson ahora sentía que no era capaz de lidiar con la actividad paranormal en su casa ni una noche más.

Por suerte, la médium llegó al día siguiente. Después de recorrer la casa, ella dijo que fue capaz de entrar en contacto con un ente y lo que dijo confirmaba los peores miedos de Alisson sobre su naturaleza. La médium le dijo que el ente admitía ser un demonio que había cruzado desde el mismo infierno. Después de eso, la médium realizó una ceremonia de bendición en la cual intentó persuadir al demonio de que dejara la casa. También informó a Alisson de que sería buena idea retirar todos los espejos de la casa.

. . .

Alisson siguió las instrucciones, pero aun teniendo miedo de que siguiera recorriendo los pasillos por la noche, decidió hacer algo aún mejor: decidió mudarse. En unos cuantos días descubrió un departamento en renta y dejó atrás su casa embrujada por un demonio. Si el demonio que supuestamente cruzó a través del espejo sigue ahí, quizás algún nuevo habitante de la casa decida enfrentarlo. Pero, por parte de Alisson y su hijo James, ellos estaban felices de salir mientras pudieron.

9

Miguel Blanco y su encuentro con un demonio

Miguel Blanco, director del programa de radio Espacio Blanco de Radio de España relata en su libro y en varias entrevistas su encuentro con un demonio. Pudo verlo claramente y hablar con él durante su primer viaje a Haití. Fue una experiencia terrible que no pudo sacar de su cabeza.

A inicios de los años noventa, Miguel Blanco y su equipo de grabación estaban haciendo una gira por América haciendo un documental. Ya habían pasado por Puerto Rico, Cuba, el Amazonas y ahora iban a Haití. Ahí, los recibieron en la embajada española con los brazos abiertos.

. . .

Nada más llegar a Puerto Príncipe, la ciudad capital, Juan Blázquez les dijo que había un *houngan* o *bokor*, un brujo o sacerdote, de apellido Turrier, que era el segundo más importante de la isla y que trabajaba "con magia de la mano derecha y de la mano izquierda". Esto se debía a que Blanco estaba investigando y documentando hechos paranormales y quería ser testigo de un auténtico ritual vudú.

Llegaron por la mañana y ubicaron a esta persona. Así fue como el periodista español pudo hablar con él. Para su sorpresa, a pesar de ser presentado como un tipo de mucho poder y poderes sociales, económicos y mágicos, cosas quc uno suclc dudar, sc puso a hablar con Blanco en el francés local, el creole, y le comenzó a contar cosas de la propia vida de Blanco sin conocerlo. Por teléfono le decía cosas que era imposible que alguien desconocido supiera, incluso alguien con una relación personal, puesto que le comentó sobre su personalidad, sus deseos y anhelos. Blanco quedó sorprendido y algo convencido de sus poderes sobrenaturales, por lo que organizaron una reunión al día siguiente, a las siete de la mañana.

. . .

Por su parte, el houngan se sentía honrado de que lo hubieran buscado y encargado buscar lugares donde se hicieran rituales, por lo que accedió a encontrar un buen lugar.

Miguel Blanco acudió solo con su equipo de dirección a ver a este hombre, ya que los demás miembros del equipo estaban cansados por el viaje previo al Amazonas. El periodista esperaba encontrarse a un hombre místico e imponente, pero descubrió que era "un golfo sinvergüenza", mujeriego y todo lo que puede representar la antítesis de un sacerdote. Eso fue toda una sorpresa.

Sin embargo, mientras iban en el coche rumbo al lugar que iban a filmar, el houngan lo miraba fijamente y le dijo, "¿Miguel, quieres conocer un diablo?". Por supuesto, Blanco creyó que estaba bromeando. Durante toda la hora que estuvieron en el auto, Blanco se comenzó a formar una opinión de él bastante negativa, creyendo que era toda una farsa. El sacerdote le preguntaba casualmente, "¿Quieres que te presente a mi diabla de tres pechos, que mide dos metros y pico?". Es muy difícil que alguien se tomara en serio esas palabras, atribuyendo a que el hombre era un "cachondo mental", como pensó Blanco.

Aunque Miguel Blanco no le creía nada de lo que decía, el houngan hizo que comprara varias botellas de Ron y varias velas, y luego se fueron a ver al primo del sacerdote, ya que él realizaba los rituales. Blanco accedió a lo que decía el hechicero principalmente por cansancio, pero quedó muy sorprendido cuando llegaron a la casa del primo.

La primera impresión le causó una gran sorpresa. Había una antesala con varios asientos, como si fuera una recepción o una sala de espera para el médico. Del cuarto de atrás salió una pareja de gente de color, y la mujer se veía transfigurada del rostro, como si hubiera visto algo muy impactante o hubiera tenido una experiencia muy fuerte.

Los hicieron pasar al cuarto y los presentaron. Blanco, que estaba iniciando en la religión caribeña, fue recibido con cierto respeto. Le dijeron al primo sacerdote que Blanco estaba ahí porque quería ver al diablo.

Mientras ellos hablaban, dejaron a Miguel revisar las cosas que estaban por ahí. En medio de la habitación había una "como caja de zapatos" de 1.60 metros de altura por 1.50 metros de ancho y 2 metros de largo. Estaba cubierta por una tela, aunque no recuerda si era roja o negra para cuando relató los eventos.

Lo dejaron revisar dentro de la caja y ahí encontró huesos humanos, cráneos, cartas del tarot, cuchillos, tijeras y muchas manchas oscuras, que después supo que era sangre.

Después de revisar, comenzó el ritual. Se sentaron frente a la caja. Alguien comenzó a tocar una carraca y a invocar en creole. La caja comenzó a moverse y a pegar tremendos saltos. Blanco estaba muy sorprendido y hasta asustado porque él había revisado que no había nada dentro de la caja que pudiera provocar ese tipo de movimiento. No obstante, le parecía sospechoso. Continuaron con el ritual y, de repente, se escuchó una voz que salía de la caja. Esa voz hablaba en creole y tenía un hablar muy particular, gangoso y "le patinaba la r", como si tuviera frenillo.

. . .

La voz saludó a todos los presentes y preguntó, como si viera a través de la caja, "¿y este blanco quién es?".

Considerando que los blancos no son muy bien recibidos en Haití, causan miradas y palabras despectivas por parte de los lugareños, tenía sentido que le resultara extraño a aquel ser ver a un blanco entre ellos.

Aunque el ser hablaba en creole con los demás, a Blanco le habló en perfecto castellano. Le pregunto que a qué venía y qué quería. Blanco le contestó que había ido a ver al ser y que quería conocerlo.

La voz continuó como si nada, hablando con los demás, ignorando al periodista. Pero Blanco llegó a escuchar a dos o tres voces hablando dentro de la caja y ésta se movía de forma violenta. Entonces, alguien le dijo "hay dos diablos dentro y se están peleando". El primo del sacerdote clavó un cuchillo en la caja y el movimiento se calmó.

Así pues, continuó hablando la voz principal, la voz gangosa con frenillo. En cierto momento, la voz se dirigió a Blanco y le dijo que iba a hablar con él. En un español castellano perfecto, olvidándose de todos los demás, le empezó a decir cosas de su pasado, del pasado de Miguel Blanco que nadie de los presentes conocía, le decía cosas realmente íntimas que nadie de ellos debería saber. Luego le dijo cosas sobre su futuro, "ten cuidado con una enfermedad que vas a tener en los pulmones, vas a estar a punto de morir, vas a perder a tu novia, vas a perder la casa" y otras tantas cosas más. A pesar de que ese ser había dicho cosas acertadas sobre su pasado, Blanco no le creía lo que le decía sobre su futuro.

Luego le dijeron que entregara la ofrenda que había llevado, el ron. Levantaron la tela que cubría la caja y le dijeron que tuviera cuidado porque era un diablo muy violento, por lo que debía soltar rápido la botella en cuanto sintiera que la agarraban, porque, si no, le podía arrancar la mano. Él siguió las instrucciones y, en efecto, sintió que alguien agarraba la botella.

Siguió el ritual y luego le preguntaron a Blanco que cuál era su objetivo con todo eso, que si quería hacerle daño a alguien, que si quería pactar o qué cosa quería. Blanco contestó que solamente quería ver al demonio que estaba ahí. Le preguntaron que si no tenía miedo, a lo que contestó que no. Le insistieron en si eso era lo que quería, pues no tenía una apariencia agradable, que era peligroso, que olía mal, pero Blanco no se dejó convencer.

Así pues, accedieron. Pusieron una línea de sal entre ellos y la caja, luego levantaron la tela. Blanco vio a un individuo al fondo de la caja, como a metro y medio de él.

Era un ser blanco, enano, como de 1.20 metros de estatura, muy hucsudo, muy viejo y con una barba de chivo blanca muy larga.

Algo que dice Blanco que nunca va a olvidar, es la mirada de ese ser, unos ojos amarillos inyectados en sangre.

El ser comenzó a avanzar hacia Blanco, tambaleándose, con un brazo estirado en su dirección. Miguel estiró la mano como para tocarle, pero el houngan le dio un manotazo y no lo dejó tocarlo. A pesar de ser algo humanoide, era un ser muy extraño.

Taparon la caja con la tela una vez más y continuaron con el ritual hasta que por fin terminó. El ser se despidió de todos, incluso le dijo "adiós" a Blanco, en castellano.

Luego levantaron la tela para que viera que aquel ser había desaparecido.

Cuando salieron del ritual, Blanco le dijo al houngan que estaba alucinado con la experiencia y que quería grabar eso. El houngan le había ofrecido en esa sesión que le permitiría grabar un ritual vudú, incluso con demostraciones, en el que realizarían el sacrificio de un bebé por 10,000 pesetas. Blanco rechazó esa parte, por supuesto.

Era increíblemente poco lo que pedían, teniendo en cuenta que Blanco tenía un presupuesto de medio millón para ese viaje, que por supuesto aceptarían porque eso significaba solucionar la vida de ellos y de varias generaciones más. No obstante, como era una cuestión de religión, tenía que preguntarle al diablo y ver si accedía.

Al día siguiente, el hougan le dio la noticia de que el diablo no quería que lo grabaran, por lo que no podía hacerlo, a pesar de todo el dinero que le habían ofrecido.

En las muchas preguntas que realizó Miguel Blanco a los sacerdotes vudú, supo que era un diablo de muchos, no era el Diablo, ni un humano. Ese demonio había hecho un pacto con el primo del houngan y con su hermano de siete años de abundancia, de bienestar y de riquezas a cambio de sus vidas.

Cuando, tiempo después, Miguel Blanco volvió a visitar al houngan y le preguntó por su familia, este le contó que los dos primos habían muerto el mismo día, en dos accidentes diferentes, en dos lugares diferentes, como si el diablo hubiera acudido a cobrar su tributo.

. . .

Igualmente, en un lapso de seis años, todas las predicciones que hizo el demonio sobre Miguel Blanco se cumplieron. Luego de eso, Blanco emprendió una investigación en la búsqueda de ese diablo en otras visitas a Haití, pero nunca más volvió a verlo.

10

Una invitación para el demonio

Shaylee Williams estaba segura de que había más cosas en la vida que su aburrido estilo de vida en la rural Dakota del Sur. La televisión, los programas y las películas que a ella le encantaban con brujas, demonios, mata vampiros y demás, eran muy populares entre todas sus amigas adolescentes, pero para ella eran más que un simple entretenimiento. Los personajes eran atractivos, llenos de confianza y habilidad. Sus aventuras dejaban ver una posibilidad de una realidad más emocionante que iba más allá de los límites de un pueblo rural. Aunque Shaylee sabía que los programas eran fantasía y que los héroes eran actores, tenía suficiente interés como para leer cada libro que poder encontrar sobre magia, hechicería y lo oculto.

. . .

Mientras devoraba todo ese material, su emoción aumentaba al saber que le estaban dando las llaves a un mundo secreto y que muy pronto se abrirían las puertas de cosas inimaginables. Ciertamente, Shaylee llegaría a ver cosas nuevas, pero no eran exactamente lo que tenía en mente.

La primera experiencia de Shaylee con lo paranormal se remonta a su infancia cuando se despertaba a mitad de la noche para encontrar a un hombre viejo nativo americano sentado a los pies de su cama. No daba miedo particularmente y, ya que su familia tenía parte nativo americana, Shaylee asumía que era un familiar lejano y se volvía a dormir. La idea de los fantasmas no la molestaba mucho, ya que varios familiares decían tener habilidades especiales que les permitían ver y hablar con los espíritus.

La misma Shaylee recordaba ver a otros espíritus humanos de niña, pero su madre le había enseñado a no tener miedo porque siempre podía rezar para que se alejaran.

. . .

Ya que ahora era una adolescente, con un interés obsesivo por lo oculto, Shaylee no tenía ninguna intención de deshacerse de sus visitantes espectrales.

Más bien, se concentraba en atraerlos esos esfuerzos pronto rindieron frutos. Las apariciones nocturnas de sombras de personas se volvieron algo normal, así como las visitas de la "vieja bruja". En la tradición oculta la vieja bruja es una presencia demoniaca que se sienta sobre el pecho de las personas mientras están durmiendo, inmovilizando a la víctima y generando una sensación de terror e impotencia, si no es que una sensación de asfixia.

La ciencia moderna llama a este fenómeno parálisis del sueño, un estado entre las etapas del sueño y el despertar en el que la persona está consciente, pero no se puede mover o hablar. Por lo general, la parálisis viene acompañada de visiones de figuras demoniacas, el sonido de susurros o voces y una sensación de maldad dirigida hacia la víctima. Aunque es perturbadora y algo aterradora, los expertos dicen que la parálisis del sueño no es peligrosa o indicativo de una condición seria.

. . .

Mientras que la mayoría de los investigadores paranormales y exorcistas religiosos aceptan la explicación científica en la mayoría de los casos de la parálisis del sueño, hay algunas ocasiones en las que, según reconocen, puede deberse entrar en contacto con otros planos de existencias.

El exorcista español, el Padre José Fortea advierte que aquellos que participan en ritos ocultos tienen mayores riesgos de sufrir terrores nocturnos, pero las personas inocentes también pueden ser atacadas. Algunas veces, en estos casos, la persona se despierta con moretones o marcas de mordidas en lugares que ellos mismos no pudieron haber alcanzado. Vienen en conjunto con pesadillas que duran meses y los dejan bañados en sudor o gritando de miedo. Su consejo, más allá de obviamente detener las prácticas ocultas, es utilizar agua bendita y rezar antes de dormir, con la intención específica de pedir protección en contra de los ataques demoniacos. Si la actividad se detiene después de esta práctica nocturna, entonces es probable que tuviera un origen demoniaco.

Otras víctimas han dicho que colocar un crucifijo, una Biblia, la estrella de David u otros símbolos religiosos cerca de la cama puede ayudar a reducir los ataques, o al menos ayudar a que se sientan más seguros a la hora de dormir.

Por desgracia para Shaylee, ella no siguió ninguna de estas medidas preventivas, sino que se metió de lleno en lo oculto, aun cuando sus ataques nocturnos aumentaron de intensidad y frecuencia.

A veces, ella se sentía atada al colchón, incapaz de mover un músculo mientras algo le siseaba con una respiración caliente en el rostro. Eventualmente, estas visitas nocturnas cambiaron a una forma diferente, en esta ocasión, el visitante tenía rostro, pero, como muy pronto se enteraría Shaylee, era igual de malvado.

Se hacía llamar Justin, y era muy guapo. Su rostro juvenil venía acompañado de una complexión delgada, ojos cafés penetrantes y cabello oscuro y ondulado que llegaba hasta los hombros. Pudo haber salido de cualquiera de las portadas de las novelas románticas que leía la madre de Shaylee, pero en vez de tener el pecho descubierto, Justin siempre se aparecía con una playera negra y pantalones negros. Al inicio, las visitas eran inofensivas; ella disfrutaba con sólo estar en la presencia de ese hermoso ser. Sin embargo, una noche, ella se despertó a la dolorida y en pánico al descubrir que Justin la intentaba violar. Shaylee luego pensó que había caído en algún tipo de hechizo, ya que el horror de ser violada por un cuerpo espectral se volvió el placer más exquisito que ella hubiera conocido.

Ella sólo podía pensar en él después de eso y su obsesión la llevó a ansiar sus encuentros nocturnos, los cuales continuaron por un año.

Durante el día, Shaylee se metía de lleno en las enseñanzas del famoso ocultista Aleister Crowley y pasaba horas estudiando *La llave menor de Salomón*, un grimorio escrito de forma anónima sobre demonología. También pasaba cada vez más tiempo con su Ouija, encantada con su habilidad para utilizarla para llamar a Justin, siguen manifestaba su presencia en el tablero realizando figuras en forma de 8. Años después, Shaylee descubriría que esta es una característica común del demonio Zozo.

. . .

Mientras tanto, a Shaylee le encantaba asustar a sus amigas con la Ouija cuando hacían pijamadas. Una noche, ella le pidió a Justin que moviera el cordón de la lámpara de techo. No solamente hizo que se moviera la cuerda, sino que aparecieron las palabras "FUERA DE AQUÍ" en el tablero, haciendo que Las amigas de Shaylee salieran corriendo y gritando por la puerta principal.

Gracias a la lectura de *La llave menor de Salomón*, Shaylee sabía sobre los símbolos y señales de varios demonios. En poco tiempo comenzó a escribir los símbolos en su cuerpo y siempre tenía uno pintado en la palma de su mano. En poco tiempo se volvió más curiosa respecto a sí podía hacer más cosas con los símbolos de los rituales mágicos.

Una chica en la escuela la molestaba, así que utilizó uno de los símbolos para convocar a un demonio que persiguiera a la chica. Ya sea por coincidencia o por una intención demoniaca bien calculada, la chica que la molestaba sufrió un accidente que la dejó en el hospital.

. . .

Sin embargo, el placer de Shaylee por su aparente habilidad para ordenar a los demonios duró muy poco, ya que comenzó a experimentar en ella misma la mayor parte de su malicia y traición. Al ya no poder controlar a sus malvados secuaces, Shaylee permanecía despierta por horas debido a que las personas en las sombras flotaban sobre su cama y le quitaban las cobijas. Justin también comenzó a aparecer más seguido, pero sus acciones eran cada vez más violentas y terribles, dejándole marcas de mordidas y moretones al día siguiente. Aterrada con lo que había liberado después de semanas de tortura nocturna, Shaylee acudió a la religión de su madre y se volvió una cristiana renovada. Por desgracia, su repentina conversión no era la solución instantánea que ella esperaba.

El día después de hacer su profesión de fe, Shaylee se reunió con el pastor y, siguiendo su consejo, volvió a casa e inmediatamente tiró todos los libros, arte y objetos de ocultismo.

Ella se fue a la cama esa noche esperando que sus noches de terror hubieran acabado. Recibió la presencia tranquilizante de su gato junto a ella mientras se quedaba dormida. A las tres de la mañana se despertó por el sonido de una campana. Mientras abría los ojos y lentamente se levantaba, un destello de luz iluminó una horrible figura de dos metros en su puerta. Aunque la figura encapuchada tenía la apariencia general de un hombre, estaba deformada horriblemente, su piel quemada y colgando de su rostro como cera caliente, sus ojos eran pozos negros vacíos. El brazo de esa cosa estaba estirado mientras sostenía la cadena de un perro negro de apariencia aterradora. Shaylee se levantó e intentó pedir ayuda, pero su voz no funcionaba. Provocado por su movimiento, el perro gruñó amenazadoramente y tiró de su cadena. El gato de Shaylee saltó sobre su pecho, rasguñándola terriblemente. Aún incapaz de utilizar su voz, Shaylee recitó en su cabeza cada oración que sabía, con una invocación especial para el arcángel Miguel. Eventualmente cayó sobre su almohada, desmayada de puro cansancio. Cuando se despertó a la mañana siguiente, lo que recordaba como un terrible sueño rápidamente se transformó en realidad cuando vio sangre seca en su pijama y pecho.

Shaylee continúa su vida como cristiana y dice que ya no sufre ataques nocturnos tan seguido, aunque todavía hay ocasiones en las que recibe visitas demoniacas a las tres de la mañana. No sale herida, ya que puede rezar para que se vayan, una confirmación del consejo que le dio su madre muchos años atrás. Por supuesto, desea ya no recibir visitas malignas, pero acepta el precio a pagar por haberse metido con lo oculto. Igualmente advierte que no le den permiso para entrar a los demonios, ni siquiera en broma, ya que harán todo lo que puedan para quedarse para siempre.

11

Demonios militares

Se sabe que la guerra es un entorno bastante siniestro y terrible de por sí, pero hay ocasiones en las que los mismos soldados se han encontrado con cosas que desafiaron su razón y ni siquiera su entrenamiento los preparó para eso.

Esta es la historia de Douglas Dietrich, quien participó en las dos guerras de Iraq, pero el horror llegó cuando, en una noche oscura, se enfrentó a un terrible mal paranormal. Todos en la base militar de Presidio, en San Francisco, en la que se encontraba Dietrich fueron testigos de un ritual satánico para invocar un demonio que les brindara visión nocturna. Dietrich era un investigador bibliotecario para el Departamento de Defensa en El Presidio Real, una base militar en San Francisco.

Se dice que el ejército estaba implicado en un culto satánico bajo el mando del Teniente Coronel Michael A. Aquino, creador del Templo de Set, de la iglesia satánica. El mismo Dietrich narró los hechos para el programa de radio *Los desvelados*, de Víctor Camacho. Aquino estaba plenamente convencido de que el demonio existía.

Cuando trabajaba como civil para la Biblioteca Militar, Dietrich se puso en contacto con unos rangos ligados al satanismo y descubrió que había varios oficiales que habían obtenido su puesto por razones desconocidas. A parte de cumplir con su trabajo destruyendo documentos clasificados, dice que también le asignaban localizar y conseguir grimorios oscuros increíblemente raros para Aquino.

Aquino, especialista en la psicología de la victoria, uno de los tantos proyectos militares, tenía información confidencial. En la biblioteca, el Teniente Coronel usaba una mano de cera "ofensiva" y experimentaba respecto a la visión a distancia. Su objetivo era crear soldados especiales, asesinos, con la ayuda de demonios.

. . .

Los presentes en esa ocasión eran trece personas, eran de rangos que iban de Mayor para arriba.

Todos seguían las instrucciones de Aquino al pie de la letra, ya que era un especialista en los conocimientos de la magia oscura, por lo que también conocía muy bien sus consecuencias.

Los militares convocaron a una sola voz al llamado Ángel de la Muerte, pero la voz de Aquino se escuchaba multiplicada sobre ellos. Fue entonces cuando el cuarto comenzó a oscurecerse y algo tenebroso entró a la habitación. Debido a que se sacrificó a una persona, la invocación funcionó, el proyecto iba a funcionar a pesar de los terribles métodos. Según dice Dietrich, el soldado que falleció se llamaba John, tenía 62 años, intentaba realizar el ritual, pero le salió mal y acabó muriendo de un paro cardiaco.

Realizaron rituales para que los demonios les enseñaran a disparar en la oscuridad, de modo que tuvieron que pintar pentagramas en los rifles M16, pensando que el demonio acudiría al arma por ese medio. Así, las heridas que provocarían serían demasiado profundas y no se podían curar con medios clínicos.

. . .

En la habitación, un ambiente de terror cayó sobre todos, el mal estaba presente.

Para sorpresa de todos, se comenzó a sentir un extraño frío, como si no hubiera nada vivo alrededor, como si todos ahí estuvieran muertos. Sus sentidos se adormecieron.

Cada noche hacían el ritual para convocar a los demonios a altas horas de la madrugada, abriendo la puerta hacia el más allá. Sacrificaban seres vivos, humanos y bueyes. Los altos mandos se hacían cortes en los brazos. Todo para poder apuntar sus armas en la oscuridad. Pintando el pentagrama invertido, convocaron a un demonio, probablemente a Abadón, el llamado Ángel de la Muerte. Este ser se manifestó ante ellos, cambiando todas las sensaciones del lugar.

Dietrich observaba todo lo que sucedía, escondido. Sentía odio y miedo hacia aquellas personas que perturbaban el orden de la vida y la muerte. Pero el mal ya estaba hecho.

Aquino había utilizado sus conocimientos sobre el ritual de los nueve ángulos que había aprendido en la

Iglesia de Satán, junto a quien se le conoció como el Papa Negro.

No obstante, Aquino iba más allá, tratando de encontrar una aplicación militar a esos conocimientos demoniacos.

Las voces se elevaron en la madrugada y así se creó el espanto. La oscuridad de la noche se fue transformando hasta que el terror se apoderó de los presentes que se habían atrevido a convocar a los poderes demoniacos. Era una presencia intangible, pero real.

Dietrich cambió a partir de ese día, pero el mal ya estaba en la base militar.

Todo esto se descubrió a partir de acusaciones de abuso infantil en la base militar de El Presidio. Dietrich descubrió no sólo evidencia de esto, sino también de pornografía, estafas, control mental, experimentos médicos y crímenes satánicos. Esto, según testifica Dietrich, sucede en todas las ramas militares del ejército estadounidense.

. . .

Ya sea conspiración o realidad, no hay duda de que hay algo oscuro en el interés bélico tan intenso del ejército estadounidense.

12

El demonio en el circo

Esta historia la contó el hijo de la víctima después de que su padre le relatara a su hijo un recuerdo de cuando tenía 20 años de edad. Esta persona cuenta que su padre conoció a un hombre extraño que decía ser un ilusionista, pero lo que le mostró era algo que iba más allá de lo que esperaba. Sucedió en Ciudad Juárez, México, en 1942, en una ocasión en la que llegó el circo.

Es una tarde de verano cuando el padre y el tío de este joven acudieron al circo que estaba de visita en la ciudad.

. . .

A pesar de los muchos espectáculos que tenía preparados este circo, los hermanos decidieron ver los espectáculos más extraños, querían sorprenderse con cosas nuevas.

Al padre el joven le fascinaban las cosas extrañas como el hombre elástico, la vaca de dos cabezas, la gallina que cantaba y todas las otras atracciones extrañas que proporcionaban estos eventos.

Por desgracia, en esta ocasión, quedó decepcionado. Solamente tenían las presentaciones normales, nada nuevo y era evidente que algunas eran falsas. Aun así, encontraron a todos chicas que estaban dispuestas a escuchar algo de música, por lo que iban a salir cuando se encontraron con un hombre bajito y rechoncho que usaba esmoquin.

Este hombre desconocido se presentó y comenzó a hablar sobre los espectáculos de fenómenos y cosas extrañas.

Luego alzó su brazo y los sorprendió exclamando que era el mejor ilusionista en el mundo. Dijo que tenía un truco que era tan aterrador como sorprendente. El padre del joven le preguntó si era parte del circo, a lo que contestó que había hecho una audición, pero el dueño del circo lo había rechazado. Cuando preguntaron por qué, el extraño contestó que su acto había sido tan aterrador que el dueño lo había acusado de ser el mismo Demonio.

Ya que eso logró capturar el interés de los dos hombres, le pidieron al extraño que les mostrara su acto. Estela accedió, sólo con una condición: tenían que ir a la casa rodante en la que vivía, que no estaba muy lejos de ahí, y entonces les mostraría su acto.

Los dos hombres y las dos mujeres que los acompañaban siguieron al extraño hombre hasta que llegaron a la ubicación de la casa rodante. Subieron los escalones y entraron, luego se sentaron en un sillón, donde pudieron darse cuenta de que era un lugar bastante agradable y bien cuidado.

El hombre extraño encendió todas las luces y se puso una capa, comenzó con su presentación, hizo una reverencia, alzó su mano derecha y se puso un guante blanco en esa mano. Extendió su brazo al frente y comenzó a pasar su mano izquierda por abajo, por arriba y alrededor de la mano enguantada, mientras abría, cerraba y movía los dedos de la mano derecha.

Ese extraño personaje comenzó a enunciar unos cánticos en un lenguaje que los presentes no conocían. Luego, con su mano izquierda agarró la punta de guante blanco, miró a todos los presentes y les preguntó si estaban listos. Dijeron que sí. El hombre se quitó el guante con un movimiento rápido.

Todos quedaron sorprendidos, pero no de forma agradable. La mano del hombre era puro esqueleto, no había músculo ni piel, pero podía mover los huesos de su mano como si fueran dedos normales. El tío del joven se levantó o para mirar de cerca, pero el extraño agarró la cabeza del hombre con la mano huesuda y les dijo: "ahora sí les voy a mostrar algo bueno".

Las mujeres salieron corriendo, gritando y llorando, enseguida las siguieron los hermanos. El extraño hombre salió a su puerta gritando y riendo. El padre del narrador se dio la vuelta para ver una última vez. El hombre que estaba parado ahí sobre los escalones tenía una gran sonrisa. En el suelo había una plancha de madera con clavos apuntando hacia arriba. El extraño saltó sobre los clavos. El padre del joven pudo ver cómo los clavos atravesaban los zapatos del hombre y manaba sangre de las heridas. El padre se quedó paralizado mientras el extraño se reía una vez más y lo apuntaba con su dedo esquelético.

El tío regresó, agarró del brazo de su hermano y se lo llevó corriendo. Ambos estaban seguros que habían visto a un demonio espeluznante que disfrutaba burlarse de los desprevenidos. Estaban agradecidos de haber podido escapar, pero es algo que nunca podrán olvidar.

13

El primer encuentro

El pastor John Hegee ha tenido varios encuentros demoniacos a lo largo de su vida religiosa, pero siempre recordará la primera vez que sucedió. Tenía 26 años cuando ocurrió y era su primera iglesia de la que se hacía cargo. Creyó que ya estaba listo para esa experiencia, pero estaba muy lejos de ser cierto.

Un lunes por la mañana, alguien le llamó por teléfono, se identificó como la señora Smith, y le pidió que fuera a su casa para rezar por ella. Cuando el pastor pidió una explicación, ella le dijo que había visto el anuncio fuera de su iglesia que tenía el teléfono y que ella necesitaba que rezaran por ella porque creía tener un espíritu demoniaco. El pastor accedió a visitarla a pesar de que no era parte de su iglesia.

Condujo hasta la casa de la señora, que resultó ser una mansión. Ella lo recibió vestida toda de blanco y ambos entraron a la sala. La señora comenzó a contar su historia. Dijo que su marido era un empresario que trabajaba cinco días a la semana en Nueva York, por lo que ella se quedaba sola mucho tiempo y se aburría, así que decidió jugar con cartas de tarot.

El problema surgió cuando, dos noches atrás, ella estaba leyendo las cartas en la misma mesa que estaba junto a ellos y, mientras lo hacía, escuchó que se abría la puerta principal de la casa y que algo caminaba por el pasillo.

Alega que lo que sea que haya entrado esa noche, también entró en ella y que seguía ahí.

El pastor estaba analizando sus palabras, intentando encontrar una explicación psicológica que sus años de estudio le podían brindar. Así pues, le preguntó que por qué creía eso. La señora contestó que, a partir de esa noche, ella había estado usando un lenguaje muy vulgar, impropio de ella; había pensado crueles y vulgares; y sentía que era capaz de asesinar a alguien sin sentir remordimiento.

Tratando de encontrar una solución, el pastor decide leerle la historia del demonio de Gadara, cuando Jesús estaba expulsando a los demonios. Abre su Biblia y comienza a leer. Conforme está leyendo, después de dos minutos, la señora Smith empieza a contorsionarse. Subió sus piernas a la silla, sus manos aferrándose a sus tobillos, la cabeza inclinada. Su mirada estaba fija en el pastor.

Con una voz masculina, la mujer, o lo que sea que estaba dentro de la mujer, dijo, "Te odio, John Hegee".

El pastor nunca había visto nada similar en su vida, él sólo quería salir corriendo, pero siguió leyendo la Biblia.

Inexperimentado como era en ese entonces, no sabía qué más hacer, sólo esperaba que esa cosa se fuera.

. . .

Terminó de leer y cerró la Biblia, la mujer seguía ahí, retorciéndose. El pastor dijo, "Señor Jesucristo, no sé qué está mal con esta mujer. He tenido mucha educación, pero no tengo una teología que se equipare a lo que le sucede a ella".

Sin saber qué más hacer, el pastor ordenó, esperando que funcionara, "Por la autoridad que me concede el nombre de Jesús y por la sangre derramada en la cruz, yo asumo la autoridad sobre lo que está dentro de esa mujer. Le ordenó al poder demoniaco que puede estar ahí, que se rinda y se entregue al poder del hijo de Dios".

Inmediatamente, la mujer cayó de su asiento al piso.

Quedó recostada ahí por dos minutos y luego se levantó como si se hubiera despertado de un sueño y se quedó mirando al pastor. Luego le preguntó "¿Qué hago aquí en el piso?". El pastor simplemente le contestó que creía que por fin había sido liberada del espíritu demoniaco.

. . .

La mujer se levantó, aliviada. "Se ha ido, se ha ido". El pastor le recomendó que se purificara de todo eso y que volviera a una vida cristiana. Al domingo siguiente, la señora y su esposo acudieron a la iglesia del pastor Hegee a recibir la comunión y se volvieron fieles devotos, hasta que se mudaron de ciudad.

14

Los niños de ojos negros

Los ojos de niños negros son un grupo de niños que tienen ojos completamente negros, no hay parte blanca en su globo ocular, y se aparecen sin explicación alguna.

Algunas personas dicen que son fantasmas y otros dicen que son demonios, pero si algo es seguro, es que no debes abrirles la puerta.

Los niños de ojos negros han aparecido en varios lugares del mundo, pero sus avistamientos han sido más frecuentes en Estados Unidos. Se les describe como niños de entre 6 y 16 años de edad. Se dedican a acosar personas y que luego del evento ocurren cosas extrañas.

. . .

Tienen un comportamiento muy peculiar que nadie comprende por completo.

La primera vez que se escuchó de ellos fue en 1996, cuando un reportero de Texas, Bryan Bethel narró su experiencia con estos seres. Una noche de agosto, Bethel salió a depositar un cheque junto a un cine, la luz de la marquesina alumbraba la noche. Bethel estaba escribiendo su cheque en el auto, cuando dos niños se acercaron y tocaron su ventana. Parecían ser un niño de 14 años y otro de 10 años, uno más alto que el otro, ambos tenían puestas sudaderas con capuchas cubriendo su rostro.

A pesar de no estar en riesgo, o eso creía, Bethel sintió que el miedo lo invadía por completo, incomodo por no saber la razón. Bethel bajó el vidrio para ver qué querían. El niño alto le sonrió con unos dientes inusualmente blancos (hay casos de niños con ojos negros que tienen dientes puntiagudos). El niño le explicó que habían dejado su dinero en la casa y preguntó si los podía llevar.

. . .

Los instintos de Bethel entraron en acción.

Sentía que algo no andaba bien, por lo que les preguntó que a qué película iban, más que nada para hacer tiempo y pensar en qué hacer. Ellos contestaron, pero Bethel había notado en la marquesina que esa película había empezado una hora atrás. Fue entonces cuando Bethel se dio cuenta por primera vez de los ojos de los niños, eran completamente negros, como agujeros negros.

Cuando notaron que Bethel los había visto bien, ellos se molestaron, exigiendo que los dejara entrar al auto, le decían que no le iban a hacer daño, pero que los dejara entrar. Estaban muy insistentes, golpeaban las ventanas y jalaban las manijas. Bethel encendió el auto y pisó el acelerador.

Tuvo que dar una vuelta para salir, pero cuando volvió a pasar por el mismo lugar, los niños ya no estaban.

A partir de ese momento, más gente comenzó a reportar sus encuentros con estos seres. Hay ciertas características que comparten todos los encuentros: niños tocando puertas o ventanas pidiendo entrar.

Dina M., en su encuentro con estos seres narra que estaba en la cocina cuando alguien comenzó a tocar a su puerta.

Toc-toc, y una pausa, luego se repitió varias veces. Ella abrió la puerta para ver qué pasaba. En el umbral había dos adolescentes de aproximadamente 14 y 16 años de edad. Ellos sólo se le quedaron viendo. Dina preguntó que si se les ofrecía algo. El mayor de ellos dijo que sus padres los habían dejado solos en esa zona y que necesitaban usar el teléfono, que si los dejaba entrar.

En ese momento, Dina vio los ojos negros de los niños y se quedó paralizada. A ella acudió un fuerte impulso de dejarlos pasar, pero ella no quería. El niño mayor dijo, "Sólo nos vamos a tomar un momento. Déjanos entrar. Ayúdanos". Dina se dio cuenta que, durante todo ese tiempo, ella se había movido hacia atrás, como para dejarlos pasar. Cerró la puerta de golpe y corrió a llamar a la policía por teléfono.

. . .

Cuando la policía llegó y buscaron por los alrededores, no encontraron ni rastro de los niños.

Con eso se puede notar el patrón de los niños de ojos negros. Siempre se aparecen de noche o en la madrugada, tocan la puerta y siempre piden permiso para entrar, de lo contrario no pueden entrar. Suelen aparecer por parejas. El primer instinto de todas las personas que los ven es peligro o pánico, sin saber muy bien por qué. Luego piden permiso para entrar con una voz monótona y siempre tienen un pretexto. A veces, las personas que los han visto dicen que parecen no tener emociones y algunos dicen que no parpadean.

Uno de los pretextos que suelen utilizar es bastante curioso. En un caso en Lake County, California, los niños pidieron entrar y pidieron usar un telégrafo. Es como si los niños de ojos negros no estuvieran bien conscientes de la época en la que están. Otro elemento curioso que se ha notado en lugares en los que ha llovido o ha caído nueve, es que los niños no dejan huellas.

. . .

Algunos creen que son adolescentes que simplemente están bromeando con los adultos, que utilizan lentes de contacto que cubren todo el ojo, aunque sería algo difícil de conseguir. Y que desaparecen porque corren rápido.

Sin embargo, las apariciones, cuando llegan, también suceden de formas extrañas e inexplicables.

Un piloto de la Fuerza Aérea, llamado D. Robbins, se encontró con unos niños de ojos negros. Los niños llamaron a su puerta, él les abrió, y ellos le dijeron que tenían frío y que si los dejaba pasar para leer algo. El hombre no podía dejar de mirarlos fijamente a los ojos y tenía una sensación extraña, como si se estuviera quedando sin energías. De repente, noto que los niños habían estado avanzando, como para entrar. Por la adrenalina, Robbins pudo apartar la mirada y cerrar la puerta. Luego de eso se sintió extremadamente cansado.

Se seguían escuchando pasos y que tocaban a la puerta.

. . .

El caso es espeluznante porque el piloto se encontraba en un edificio de departamentos en una base militar, por lo que no debía haber niños en el lugar y era extraño que nadie los hubiera detenido al entrar o al salir.

Hay ocasiones en las que las luces se van y hay interferencia en los dispositivos como radios y televisiones.

Pero lo más terrible es que después del encuentro, todos los que los han visto han sufrido de estrés postraumático luego de eso. No sólo es el miedo, sino que las personas, después de verlos, sufren de insomnio, pesadillas recurrentes, terror nocturno y una sensación de miedo que no se quita. Esos síntomas pueden llegar a durar meses.

En un caso especial, los niños de ojos negros dejaron más que sólo trauma psicológico. Hace 7 u 8 años, en Las Vegas, Nevada, un hombre cuenta que alguien llamó a su puerta a las 4:30 de la mañana. Cuando abrió la puerta, se encontró a un adolescente como de metro y medio de estatura, vestía una gabardina negra, tenía pelo negro, usaba lentes oscuros y comía una manzana. El joven le pidió de forma muy educada si lo dejaba pasar para refugiarse del frío. El hombre, aterrado, dijo que no y cerró la puerta, poniéndole la cadena de seguridad. El niño volvió a insistir. El hombre abrió, con la cadena puesta, y le dijo que se fuera. El niño insistió. Cuando el hombre quiso cerrar la puerta, el niño metió la mano y sostuvo la puerta. El hombre podía sentir la mirada intensa del niño detrás de los lentes. El niño dijo "¿por lo menos me puedes dar kétchup para mi manzana?". El señor le dijo que ni de chiste y que su esposa ya estaba hablando a la policía. El niño le contestó, "no le vas a hablar a nadie" y sacó la mano. El hombre pudo cerrar la puerta y se asomó por la ventana, no vio a nadie.

La pareja se fue a trabajar, sin llamarle a nadie, ya sea porque se les olvidó o inconscientemente hicieron caso a lo que les dijo el niño de ojos negros. No vieron nada extraño fuera de su casa. Pero cuando volvieron, encontraron la manzana a medio comer frente a la puerta de su casa.

Lo más importante de todo esto es no dejarlos entrar. Sin embargo, sí hay testimonio de quienes sí los han dejado entrar y es lo peor que podrías hacer. En un caso del 27 de octubre de 2016, en Vermont, Estados Unidos, la historia se repetía. Tocaron a la puerta en la madrugada y una mujer atendió, había dos niños de no más de ocho años, un niño y una niña. Tenían cortes de pelo muy peculiares y nada a la moda. A pesar de que estaba nevando y de que no llevaban ropa de invierno, a los niños no parecía molestarles. La mujer, que no identificaba todavía que sus ojos eran completamente negros (una característica que también ocurre en los encuentros) creyó que eran dos niños menonitas perdidos. El esposo, quien también se había asomado, les preguntó que dónde estaban sus padres, y ellos contestaron que llegarían pronto. La señora los dejó pasar para prepararles un chocolate.

Mientras la mujer preparaba los chocolates, el señor les preguntaba sobre sus padres. En ese momento, los cuatro gatos de la casa comenzaron a sisearle a los niños y a comportarse muy extraño. Luego, el señor empezó a marearse y le dio dolor de cabeza. Cuando la esposa entro a la habitación con la bandeja con tazas de chocolate, se dio cuenta de los ojos completamente negros de los niños. La charola chocó estrepitosamente en el suelo cuando la mujer la soltó.

Como si nada hubiera pasado, los niños pidieron usar el baño. La pareja los dejó ir, fingiendo que todo estaba bien. Ambos niños se fueron al baño. En privado, la señora le preguntó a su marido si había visto los ojos de los niños, a lo que éste contestó que sí. En ese momento, el hombre comenzó a sangrar por la nariz. Se levantó para ir por pañuelos, pero en eso se fue la luz. Al final del pasillo, en la completa oscuridad, estaban parados los dos niños. Luego de unos segundos, uno de ellos dijo "ya llegaron nuestros padres" y caminaron a la puerta. La pareja se asomó a la ventana y vieron un auto negro y a dos hombres vestidos de negro, medían casi dos metros de alto. El hombre, dentro de la casa, se despidió de ellos agitando la mano. En el exterior, esos seres solo se le quedaron viendo, todos subieron al auto y se fueron.

Durante los meses siguientes, cosas extrañas ocurrieron.

Tres de los cuatro gatos desaparecieron, a pesar de que vivían dentro de la casa. El cuarto gato, cierto día, lo encontraron muerto en la sala, en un charco de su propia sangre. El veterinario solo les pudo decir que fue una hemorragia. El hombre siguió con sangrados por la nariz y, cuando fue a ver al médico, le diagnosticaron cáncer de piel. Sin embargo, el tipo de cáncer que le diagnosticaron es el que se suele encontrar en personas que se broncean en camas de luz UV, como si ese hombre se expusiera continuamente a eso. La señora igualmente sufrió mareos y sangrados de nariz, además de otros problemas médicos.

Eso deja la pregunta de quiénes son y qué quieren. Los casos de niños de ojos negros comenzaron después de la historia publicada por Bethel, pero resulta que hay registros de estos avistamientos desde antes de eso. En los años setenta se registraron visitas de personas con ojos negros, solo que eran adultos, pero su forma de actuar era exactamente la misma.

En 1985, en Nueva York, un hombre de ojos negros pidió a una pareja en un auto que lo llevaran.

Este registro anula la posibilidad de que fuera algo inventado y difundido gracias al Internet. Nadie sabe bien qué son, unos dicen que son alienígenas y otros dicen que son demonios como los vampiros que absorben la energía. Muchos apoyan la segunda opción, puesto que los seres no pueden entrar si no les dan permiso, como sucede con los demonios y vampiros.

. . .

Un último caso peculiar, que no es único, pero que ha ocurrido con menos frecuencia, es el avistamiento de seres con los ojos completamente blancos, no como si estuviera ciego o con cataratas, sino que son completamente blancos. En 1988, en Indianápolis, una pareja acudió una noche de febrero a un cajero automático, pero ahí se encontraron con un ser de ojos negros. La pareja se alejó de ahí, pero el ser los siguió por varias cuadras. El hombre y la mujer decidieron entrar a un bar para refugiarse de ese ser. Mientras revisaban sus identificaciones, el ser estaba parado a la mitad de la calle, mirándolos fijamente. Como sucede en estos casos, la pareja sintió un terrible miedo y que algo malo iba a pasar. De repente, la mujer sintió una mano en el hombro y al instante se sintió más tranquila. Cuando volteó a ver quién era, vio a una persona de entre 20 y 30 años con los ojos completamente blancos. Esta persona o ser le dijo, "No te preocupes. Estás bien. Tenemos todo bajo control", luego volteó a ver al niño de ojos negros y se le quedo viendo.

Éste hizo unos gestos de frustración y luego se fue. El ser de ojos blancos, le dio una palmada en el hombro a la mujer y siguió con su camino como si nada.

. . .

Según los registros, los niños de ojos blancos son igual de extraños, a veces hacen cosas buenas, como en este caso, y en otras ocasiones hacen lo mismo que los de ojos negros. La peculiaridad es que los niños de ojos blancos son rubios y hacen cosas aún más extrañas como levitar o levantar objetos muy pesados.

Lo que sí es seguro, es que hay testigos desde hace más de cincuenta años de la presencia de estos extraños seres de ojos completamente negros que provocan sensaciones negativas. Las personas que los han visto siempre dicen sentir miedo. Igualmente, sólo son visibles y audibles para quienes eligen, puesto que hay casos en los que las personas no pueden ver con quién hablaba la otra persona.

Conclusión

Hay muchas historias sobre demonios en todas las culturas del mundo y en todas las épocas. Ya sea avistamientos, presencias, posesiones o pesadillas, los demonios han sacudido las vidas de las personas de formas terroríficas. Cualquier cosa o persona se puede volver un receptáculo para un demonio, ya sea una casa, un espejo, niños o soldados.

Cada día se saben de más casos de contacto con demonios porque tenemos más comunicación y porque la sociedad está cayendo en una espiral de horror. A pesar de los muchos casos, las personas todavía no llegan a comprender por completo de qué se trata.

. . .

Algunos dicen que son alucinaciones, otros que es una enfermedad mental y hay quienes dicen que sólo lo hacen para llamar la atención.

La peor de las situaciones es cuando el demonio llega a poseer a la persona, algo que ha ocurrido desde el inicio de la era humana. La persona a por un demonio sufre de convulsiones, ataques, cambia de voz y de lenguaje, no puede controlar del todo lo que piensa, dice y hace, sin mencionar que puede hacer daño a otras personas y a sí misma. Por esa razón, las personas poseídas, así como los objetos y casas, necesitan ser exorcizadas para liberarlas de todo mal.

No podemos decir que el mundo sea un lugar seguro, hay cosas que no comprendemos y que están a la espera de hacernos daño. Incluso la guerra, ese hecho que de por sí es terrible y muchas personas mueren, puede verse influenciado por presencias demoniacas, como en el caso del Teniente Coronel Aquino.

Sin embargo, si algo se puede aprender de todo esto, es que lo mejor que se puede hacer es no permitir que estos seres malignos entren a nuestras vidas.

. . .

Las víctimas más comunes son quienes realizan rituales satánicos, vudú o juegan con la ouija. Lo mejor es mantenerse lejos de todo esto. En el caso de los seres de ojos negros, igualmente lo mejor es no dejar que entren a casa.

Lo mismo para las personas que juegan con lo oculto, lo mejor es mantenerlas alejadas.

El miedo que sentimos es un instinto en el que podemos confiar, nos indica que nuestra vida corre peligro. Todas las cosas que no comprendemos, no necesariamente son malas, pero sí hay cosas con las que es mejor no arriesgarse. Sin embargo, hay casos de presencias y ataques demoniacos que las personas no provocaron, llegaron por mala suerte o por la maldad de alguien. En cualquier caso, lo mejor es acudir con un sacerdote que sepa del tema.

Si algo es cierto es que los demonios existen y que están ahí para hacernos daño.

Referencias

ALADELTA55 (10 DE marzo de 1016). *Miguel Blanco vió y habló con un demonio. Lo cuenta él mismo.* [video]. YouTube https://www.youtube.com/watch?v=fNMKajOxBoY

Kola, Haroun (6 de mayo de 2015) Satan's Army The Roots Of Black Magic In Military With Douglas Dietrich. Blog. https://harounkola.com/blog/satans-army-the-roots-of-black-magic-in-military-with-douglas-dietrich/

Leyendas Legendarias. (29 de mayo de 2019). *E13: El Caso Josué (con Coki Szewc)* [Video]. YouTube https://www.youtube.com/watch?v=PBLd18sShus

Leyendas Legendarias. (8 de enero de 2020). *E45: Los Niños de los Ojos Negros (con Mario Capistrán)*. [Video]. YouTube https://www.youtube.com/watch?v=TvQ78o-ssb8

Leyendas Legendarias. (7 de abril de 2021). *E110:Demonología* [Video]. YouTube https://www.youtube.com/watch?v=ZBo3TinnW8A

Lifetodaytv (8 de octubre de 2015). John Hagee: My First Demonic Encounter (James Robison / LIFE Today). [Video]. YouTube https://www.youtube.com/watch?v=mYX96xiMiMU

S.N. (30 de mayo de 2010). Entrevista a Miguel Blanco [Episodio de podcast]. En Radio Exterior, *Desde el infierno.* Recuperado de: https://www.rtve.es/alacarta/audios/desde-el-infierno/desde-infierno-entrevista-miguel-blanco-30-05-10/784849/

S.N. (3 de enero de 2015). Douglas Dietrich: el hombre que vio al demonio [Episodio de podcast]. En Radio Exterior, *Desde el infierno.* Recuperado de:

https://www.rtve.es/alacarta/audios/desde-el-infierno/desde-infierno-douglas-dietrich-hombre-vio-demonio-03-01-15/2941734/

S.N. (30 de octubre de 2020) *TV Azteca.* Así fue el 'Caso Josué', una de las anécdotas más aterradoras de 'La Mano Peluda'. (VIDEO). https://www.tvazteca.com/aztecauno/al-extremo/notas/notas/caso-josue-mano-peluda-video-historia-aterradora-juan-ramon-saenz

The Lip TV (29 de Agosto de 2013). *Satanism in the Army and Zombies in San Francisco with Douglas Dietrich.*

[Video]. News Video. https://newsvideo.su/video/3688383

Wagner, Stephen. (28 de diciembre de 2018). *Liveaboutdotcom*. The Day This Man's Father Met the Devil. https://www.liveabout.com/day-my-father-met-the-devil-2593823

Printed by BoD™in Norderstedt, Germany